하나님의 부부 수업

• 일러두기
  본문 속 바탕색이 있는 면은 남편 이형동 목사의 글,
  바탕색이 없는 면은 아내 백은실 사모의 글입니다.

행복을 넘어 사명으로 사는 부부의 삶

하나님의 부부 수업

이형동 · 백은실 지음

규장

'달라도 너무 다른 남녀가 어쩌면 이렇게 조화를 이룰 수 있을까' 하고 감탄하며 읽어 내려갔습니다. 덕분에 제 부부생활을 돌아보게 되었고, 저희 부부를 신혼으로 만들어 주었습니다.

이 책은 자녀교육뿐 아니라 신앙 안에서 가정을 세워가는 부부의 삶의 고백과 실천 방안을 상세하게 안내해 줍니다. 믿음의 가정을 세우기 위한 기도, 연애와 결혼을 향한 하나님의 인도하심, 결혼 이후 겪은 오해와 갈등, 회복과 성숙의 과정을 진술하고 따뜻하게 풀어내어 '결혼'이라는 제도가 지닌 깊은 영적 의미를 깨닫게 합니다. '부부 작전 타임'은 실생활에서 실천 가능한 부부생활의 지혜를 함께 고민하도록 이끌어 주어서 부부성경공부, 부부성장공부 교재로도 손색이 없습니다.

하나님이 두 사람을 짝지어 주셨고, 부부는 서로 끊임없이 노력하며 살아왔습니다. 자녀들은 이 부부에게 '무기징역 결혼형'을 선언했습니다. 누가 이 둘을 끊을 수 있겠습니까. 선교단체 훈련 중에 만나서 결혼과 동시에 진짜 훈련을 시작했고, 지금도 성장하고 있는 이 부부의 소중한 나눔이 크리스천 부부들에게 큰 도움이 되리라 믿습니다.

무엇보다 이 책은 '결혼은 행복 너머의 사명'이라는 메시지를 일관되게 전합니다. 그 사명을 깨달은 부부는 서로를 세우고, 가정을 거룩한 제

단으로 만들며, 자녀에게 믿음의 유산을 흘려보내는 통로가 됩니다. 이 책을 통해 많은 가정이 회복되고, 예비부부 및 신혼부부가 믿음의 여정을 준비하게 될 것이며, 결혼 생활에 지친 부부가 새 힘과 위로를 얻을 것입니다.

말씀 중심의 가정, 기도로 세워진 부부, 사명으로 하나 된 이들의 삶이 위기에 처한 수많은 가정에 깊은 울림과 도전을 주리라 확신하며, 이 귀한 이야기가 우리 모두의 이야기가 되기를 기도합니다.

한창수 | 대구 엠마오교회 담임목사, 303비전 성경암송학교 교장

이 책은 마치 따뜻한 봄 햇살 아래, 옆집 부부가 조용히 들려주는 진짜 결혼 이야기 같다. 꾸밈없고 가식도 없다. 그냥 우리처럼 살고, 우리처럼 다투고, 또 우리처럼 웃고 우는 부부의 이야기다. 그런데 이상하게 읽다 보면 가슴 한쪽이 뭉클해진다.

남편의 토끼풀 반지 청혼 이야기부터 아내의 세 번의 기도 응답 그리고 파혼 선언을 기도와 기다림으로 이겨낸 순간까지. 어쩌면 이렇게 현실적이고도 아름다울 수 있을까. 자극적이지 않아 더 마음에 닿고 특별하다.

이 책은 예비부부에겐 최고의 선물이고, 지쳐 있는 부부에겐 따뜻한 응원이 되어줄 것이다. '완벽한 부부는 없지만 성장하는 부부는 있다'라는 걸 보여주는 이 책을, 모든 부부가 한번쯤 꼭 읽어보길 추천한다.

박호근 | 진새골 사랑의집 원장, 《배우자를 배우자》 저자

나는 SNS에서 백은실 사모의 게시 글을 보며 말씀으로 자라는 아이들의 사랑스러움과 믿음직스러움에 매번 감동한다. 이번에는 이 부부의 사랑 여정을 통해 또 다른 감동을 받았다.

두 사람의 걸음을 보며 결혼은 서로를 향한 사랑을 넘어, 하나님께 드리는 아름다운 고백이자 순종임을 배우게 되었다. 하나님 안에서 하나님이 원하시는 행복한 결혼이 무엇인지 알고 싶은 분들에게 이 책을 추천한다.

신애라 | 배우, 《하나님, 그래서 그러셨군요!》 저자

믿음의 1대로서 신앙의 가정을 세우고 싶었던 저는 둘째가 태어난 2010년에 《말씀 심는 엄마》로 백은실 사모님을 알게 되었고, 드디어 롤모델을 찾은 듯했습니다.

책에 쓰인 대로 적용하다가 사모님의 '말씀 암송 사랑'이 제게도 전해져 대전에서 열린 303비전 성경암송학교 강습회까지 갔던 행복한 추억이 있습니다. 그리고 15년이 흘러 사모님의 책에 추천사를 쓰는 날이 오다니, 가문의 영광입니다.

이 책을 읽으며 나와 같은 엄마들뿐 아니라 이 땅의 수많은 부부와 가정을 살리실 하나님을 더욱 기대하게 되었습니다. 지금 가정에서 힘든 시기를 지나고 있다면, 이 책을 펼쳐보세요. 어두컴컴한 터널인 것만 같은 가정이 반짝거리는 미래로 나아갈 방법을 알려줄 거예요. 또 결혼 자체를 고민하거나 결혼을 준비하는 청년들은 주저하지 말고, 두 분이 건네는 조언을 적용해 보길 바랍니다.

이 책은 남편과 아내의 관점을 모두 담아내며 부부의 다름을 특별함으로 맞춰가는 보석 같은 지혜서입니다. 두 분의 사랑스러우면서도 성경적인 러브스토리로 시작하여 하나님을 경외하는 가정으로 서기까지 경험한 실제적인 깨달음이 담겨 있습니다. 이 책을 통해 모든 가정이 저마다의 답을 찾아 천국으로 나아가길 축복합니다!

지선 | 찬양 사역자, 목원대학교 찬양사역학과 주임교수

함께한
인생의
계절

깊어지는 사랑

우리 부부는 스무 번의 봄, 여름, 가을, 겨울을 지나 스물한 번째 봄을 맞이했다. 계절이 그러하듯 때론 푸근했고, 살을 에는 찬 바람에 옷깃을 여며야 하는 순간도 있었다. 하지만 돌아보면 봄은 언제나 우리 곁에 있었다. 우리의 계절은 늘 따뜻했고 푸르렀고 싱그러웠다.

함께하는 여정은 마치 소풍 같았다. 구불구불한 길을 걸으며 손을 맞잡고, 화창한 날 아름다운 풍경을 함께 바라보며 걸었고, 걷다가 멈춰 서야만 보이는 작은 들꽃 앞에서 함께 웃기도 했다. 때론 갑작스레 몰려온 먹구름이 굵은 비를 쏟아내기도 했다. 그 빗줄기에 흠뻑 젖기도 했지만, 우리는 이전보다 조금 더 서로를 이해하고, 조금 더 아끼며 살아가고 있다.

레프 톨스토이의 《안나 카레니나》 첫 문장은 이렇게 시작한다. "행복한 가정은 모두 비슷하지만, 불행한 가정은 저마다의 이유로 불행하다."

부부의 행복과 불행은 동전의 양면과 같다. 결국은 '선택'의 문제다. 하나님이 주신 행복의 조건에 응답하는 선택은 부부의 일상을 빛나게 만든다.

우리는 함께 이 책을 썼다. 일상을 빛으로 가득 채우는 행복한 작업이었다. 기억을 더듬으며 잊힌 장면들을 하나하나 되짚어갈 때마다 마치 보물을 건져 올리는 기분이었다. 풋풋한 사랑이 복원되었고, 입가엔 미소가 번졌다. 아픈 기억도 풍요로운 부부생활의 자양분이 되어주었다. 일기장에 적힌 조금은 유치하고 손발이 오그라들 것 같은 표현은 서로의 사랑이 얼마나 순수했는지를 말해주었다.

놀랍게도, 지금 우리가 서로에게 느끼는 감정은 그때와 크게 다르지 않다. 우리는 느리지만 성숙해 가고 있다. 그때보다 서로를 더욱 깊이 알아가며 하나님께서 허락하신 관계의 풍성함을 맛보고 있다.

혈연보다 진한 언약으로 하나 된 우리 부부는 오늘도 함께 걷는다. 느릴지언정 방향을 잃지 않으려 애쓴다. 같은 곳을 바라보고, 함께 울고 웃고 기도하면서 우리에게 주어진 작은 인생길을 함께 걸어간다. 이 책은 그 모든 여정을 담아낸 고백이다.

물론 우리의 경험이 누군가의 삶에 그대로 적용되긴 어렵겠지만, 각자를 통해 이야기를 써 내려가시는 분은 한 분 하나님이시기에, 이 책이 결핍과 연약함 가운데 한 몸 이루어 살아가는 부부들에게 '행복'을 넘어 '사명'으로 가는 지름길이 되면 좋겠다.

달라서 특별하다

신혼집 현관문에는 두 개의 잠금장치가 있었다. 아내는 아래쪽, 나는 위쪽 잠금장치로 문을 잠갔다. 간혹 급하게 집을 나설 때는 불편하기도 했지만, 내가 원하는 방식으로 문을 잠가달라고 요구하지 않았다. 아내도 마찬가지였다. 우리는 서로 다른 방법으로 '안전'이라는 같은 목적을 이루려 했다.

하나님께서는 모든 사람을 다르게 지으셨다. 지구상 팔십억 인구가 단 한 사람도 똑같지 않다. 일란성 쌍둥이처럼 닮을 수는 있어도, 기계로 찍어내듯 백 퍼센트 같은 사람은 찾아볼 수 없다. 하나님께서 사람을 고유한 개성과 성향을 보이며 살도록 디자인하셨기 때문이다.

이것이 다름이 특별함인 결정적 이유다. 사람은 생김새뿐 아니라 생각도, 삶의 방식도 다르다. 심지어 하나님을 섬기는 방식에도 차이가 난다. 이런 다양한 차이를 인정하지 않고 배우자를 내 방식대로 바꾸려 하는 건, 하나님께서 디자인하신 조각품을 내 멋대로 깎는 것과 같다.

서로의 다른 방식을 인정하는 건 불편한 일이지만, 이는 서로를 다듬어 온전한 부부로 만들어 준다. 반대로 다름을 틀림으로 규정하는 순간, 서로를 고치려 들고, 변하지 않는 상대는 틀린 사람이 되어 버린다.

부부가 틀림이 아닌 다름으로 이해의 폭을 넓혀 그 안을 통과하는 같은 목적을 바라볼 수 있다면, 부부생활의 조화로움은 톱니바퀴처럼 어긋나는 일이 없을 것이다.

부부는 습관뿐 아니라 생각, 성향, 성격, 재능 등 참 많은 부분이 다르다. 이 다름을 다양성의 시각으로 보면 관계의 신선도를 유지할 수 있다. 그 과정에서 나와 배우자의 차이는 갈등의 원인이 아닌 서로를 성장시키는 하나님의 도구가 된다.

하나님께서는 다름을 통해 서로를 돕고 그분의 뜻을 이루며 성숙을 이뤄가게 하신다. 다름을 퍼즐처럼 맞춰가시는 그분의 은혜가 참으로 놀랍다. 이 섭리에 눈을 뜨면 '다름'이 '틀림'이 아닌 '특별함'임을 알게 된다.

사랑과 존경으로 세우는 가정

그러나 너희도 각각 자기의 아내 사랑하기를 자신같이 하고 아내도 자기 남편을 존경하라 엡 5:33

아내에게는 사랑이, 남편에게는 존중이 필요하다는 것은 단순한 조언이 아니라 성경적 결혼 생활의 핵심 원리다.

부부 관계는 마치 집을 짓는 것과 같다. 단순히 한 지붕 아래 살아간다고 가정이 완성되는 게 아니다. 하나님의 설계도에 따라 남편은 사랑으로 가정을 짓고, 아내는 존중으로 가정을 세워야 한다. 서로를 이해하고 존중하며 사랑하는 마음을 벽돌 삼아 한 층씩 쌓아 올릴 때, 비로소 든든한 가정으로 세워진다.

남편은 존경받을 때 더욱 사랑할 힘을 얻고, 아내는 사랑받을 때 존경하는 마음이 우러나온다. 그런데도 상대가 먼저 변하기를 바라며 기다릴 때가 많다. 그러나 아름다운 부부 관계는 먼저 베푸는 데서 시작된다.

우리 부부도 서로를 사랑하고 존중하며 가정을 세우기 위해 노력했다. 실패도 많았고, 서로의 마음을 아프게 하기도 했다. 하지만 그 모든 시간을 통해 중요한 진리를 배웠다. 진정한 사랑과 존중은 감정이 아닌, 말씀대로 살기 위한 선택이며, 매일의 작은 결정 속에서 자라난다는 것을.

이 책은 완벽한 부부가 되기 위한 조언이나 지침서가 아니다. 하나님께서 우리를 참된 부부로 빚어가시는 여정이며, 서로의 다름과 연약함까지도 부부를 향한 하나님의 계획의 일부임을 알려주는 작은 이야기다. 남편의 사랑이 어떻게 아내의 마음을 열고 행복하게 할 수 있는지, 아내의 존중이 어떻게 남편을 세우는 비결이 되는지, 우리가 걸어온 길에서 배운 것을 나누려 한다.

이 이야기가 당신의 가슴에 믿음의 가정을 소망하는 작은 빛줄기를 심어줄 수 있다면, 이 책은 소명을 이룬 것이다.

우리 부부의 이야기를 세상에 나눌 수 있도록 출간해 주신 여진구 대표님께 감사드린다. 여 대표님의 사랑의 권면이 있었기에 지금껏 하남에서 개척교회를 이어올 수 있었다. 십칠 년 동안 우리 가족의 이야기를 담은 여섯 권의 책에 한결같이 생명력을 불어넣어 주신 김아진 편집장님께 깊은 감사를 전한다.

엄마, 아빠를 좋은 부부로 인정해 준 조이, 온유, 사랑, 시온이는 하나님이 보내주신 가장 귀하고 가슴 벅찬 선물이다. 이 책이 나오기까지 기도로 힘을 실어준 동역자들과 사랑하는 말씀심는 교회 성도들이 있어 행복하고 감사하다.

내가 주께 감사하옴은 나를 지으심이 심히 기묘하심이라 주께서 하시는 일이 기이함을 내 영혼이 잘 아나이다 시 139:14

차례

2부
사랑으로 짓고 존중으로 세우다

3부
졸업 없는 사랑의 학교

4부
연합에서 사명으로

1부

만남에서

언약으로

1장
주님, 이 사람이 맞나요?

중학생 때부터 시작한 배우자 기도

어릴 적 다니던 교회 주변에는 크고 작은 기업이 많았고, 일자리를 찾아 고향을 일찍 떠나온 청년도 많았다. 그들은 교회 안에서 배우자를 만나 이른 나이에 결혼해 믿음의 가정을 꾸렸다. 그래선지 가족이 함께 신앙 생활하는 가정이 많았다.

믿지 않는 가정에서 자란 나는, 믿음의 가정을 이루어 자녀들과 신앙 생활하는 그 모습이 늘 부러웠다. 다행히 부러움은 시기나 질투가 아니라, '나도 언젠가 아름다운 믿음의 가정을 이루고 싶다'라는 소망을 갖게 했다. 이런 내 꿈에 또 하나의 자양분이 되어준 고마운 찬송가가 있다.

"나의 사랑하는 책 비록 헤어졌으나 어머니의 무릎 위에 앉아서 재미있게 듣던 말 그때 일을 지금도 내가 잊지 않고 기억합니다."

교회학교에서 이 찬송가를 부를 때마다 눈물이 고이곤 했다.

비록 먹고살기 바빴던 엄마로부터 성경 이야기를 들어본 적은 없었지만, 이 찬송가로 인해 믿음의 가정을 더 동경하게 되었다.

돌이켜 보면, 어릴 때 가장 잘한 일이 미래 배우자를 위해 기도한 거였다. 나는 중학생 때부터 배우자 기도 제목을 일기장에 적었다. 시간이 흘러 기억에 남아 있는 기도 제목은 몇 가지뿐이지만, 분명한 건 그 기도가 하나님 마음에 닿았다는 것이다. 내 기억 밖의 기도 제목도 그분은 기억하셨을 테니까. 나중에 보니, 그때 드린 배우자 기도에 응답받았을 뿐 아니라, 내 마음에 심긴 믿음의 가정에 대한 소망도 더 견고해졌던 것 같다.

지금도 기억하는 기도 제목은 "새벽기도를 드리고, 희고 예쁜 손에 키가 160센티미터 정도인 자매"다. 왜 이런 기도를 했을까? 아마 작은누나보다는 키가 컸으면 하는 바람이 있었던 것 같다.

아내를 처음 만났을 때, 그녀는 내 기도 제목과 다른 점이 많았다. 키가 작고, 장인어른을 닮아 손에 주름이 많았다. 아내는 못난 손을 감추기 위해 주먹을 쥐는 습관이 있다고 했다. 하지만 나는 결혼 후에 이 세상 어떤 손보다 아름다운 손을 발견했다.

아내는 그 손으로 못 하는 게 없었다. 탁월한 디자인으로 아이들 교재를 척척 만들었고, 능숙한 손놀림으로 여섯 식구가 먹을 음식을 정성껏 마련했으며, 아름다운 피아노 반주로 가정에 찬양이 울려 퍼지게 했다. 아내의 손은 하나님의 손길을 닮았다. 나는 매일 세상에서 가장 아름다운 손을 잡고 잠자리에 든다.

하나님께서는 내 기도 제목의 가장 중요한 대목 '기도하는 자매'에 대해서도 확실하게 응답해 주셨다.

결혼 생활이 차곡차곡 쌓이면서 나는 교회학교에서 눈물 흘리며 불렀던 찬송가가 그 어느 것보다 소중한 기도였음을 깨달았다. 이는 내가 정한 기도 제목이 아니라 하나님께서 내게 심어주신 것이었다.

오랜 세월이 흐른 뒤, 나는 아내를 만났고, 아내는 찬송가 가사 속 '믿음의 어머니'가 되었다. 앉았을 때, 길을 걸을 때, 누웠을 때 그리고 일어나 있을 때, 아내는 항상 아이들에게 성경을 들려주는 '말씀 심는 엄마'가 되었다.

나는 찬송가 가사가 현실이 되고 삶에 녹아드는 현장을 매일 보았다. 아내는 아이들이 태중에 있을 때부터 성경을 암송하며 축복해 주었다. 갓난아기 때는 귀하디귀한 성경 말씀을 들려주었다. 아이들이 자랄 때는 성극을 만들며 함께 놀기도 했다.

그리고 아내의 첫 책 《말씀 심는 엄마》의 표지화가 바로 아이를 무릎에 앉히고 성경을 읽어주는 엄마의 모습이었다. 그 그림을 보는 순간, 나는 전율했다. 어릴 적 내가 불렀던 찬송가 속 어머니의 모습과 똑 닮았기 때문이었다. 하나님은 찬송가를 부르며 눈물 흘리던 어린아이의 기도에 신실하게 응답해 주셨다.

하나님은 그분의 방법으로, 그분의 때에 기도를 이루어 주셨다. 배우자 기도가 믿음의 가정에 대한 소망을 끝까지 붙들어 주었다.

기적 같은 만남

육 년 늦게 들어간 대학 생활을 뒤로하고, 나는 4학년에 올라갈 무렵 휴학했다. 미국이라는 넓은 세상을 향한 동경과 북한선교를 위해 하나님께서 나를 준비시키실 거라는 막연한 꿈 때문이었다. 당시에는 가난한 대학생이 비자를 받는 것 자체를 상상하기 어려웠다. 그런데 기적같이 비자가 나왔다. 그때 하나님은 내게 어떤 계획을 갖고 계셨던 걸까?

나는 한 학기 어학연수를 위한 등록금만 들고 미국에 도착했다. 한국에서의 장래도 어두웠지만, 희망을 품고 건너간 미국 생활도 앞이 보이질 않았다.

낮에는 어학연수를 받고, 수업이 끝난 후에는 어학원을 관리하며 학비와 생활비를 벌었다. 저녁에는 한인 식당에서 일했고, 퇴근하고는 건물 청소를 했다. 때로는 건물 관리를 맡기도 했고, 한인 오케스트라에서 콘트라베이스 연주도 하며 학비를 충당했다. 한국에 홀로 있는 어머니에게 생활비를 요청할 수는 없었다. 그렇게 이 년을 살다 보니, 처음 품었던 꿈과 점점 멀어졌고, 더 이상 미국에 머물 수 없어 귀국을 결심했다. 힘겹게 붙잡고 있던 미국 생활을 내려놓고 한국으로 돌아가 학업을 마치기로.

  그즈음 마음 한편에 묻어두었던 오래된 기억이 떠올랐다. 이십
대 초반, 내 인생의 한 시기를 하나님께 온전히 헌신하고 싶어서
예수전도단 DTS(Discipleship Training School, 제자훈련학교)에 지원
했지만, 재정이 준비되지 않아 훈련받지 못했던 일이 떠오르며 문
득 마음에 소원함이 생겼다. 나는 미국에서 DTS를 받고 귀국하
기로 했다.
  하나님의 타이밍이었을까. 한국인 대상 DTS가 하와이 열방대
학에서 곧 열린다는 소식이 들렸다. 나는 미국에서 연주하던 악기
를 팔아 훈련 비용을 마련할 계획으로 DTS에 지원했다. 그리고
입학 허락을 받고, 짐을 챙겨 하와이로 떠났다.
  그곳에서 믿음의 가정을 이룰 평생의 동반자를 만나게 될 줄은
상상도 못 했다. 열방대학 도착 후 제일 먼저 만난 자매가 지금의
아내다. 이 만남을 통해 내 계획과는 비교할 수 없는 하나님의 거
대한 섭리를 다시 한번 깨달았다.
  하나님의 섭리 안에 있으면, 실패도 그분의 뜻을 이루는 기회가
된다. 아내와의 만남은 실패한 미국 생활에서 얻은 기적 같은 선
물이었고, 하나님께서 써 내려가신 아름다운 이야기였다.

창문 축복 기도

열방대학에 도착해 짐을 풀고 있을 때, 먼저 도착한 동생이 한국에서 함께 온 누나들을 소개해 주겠다고 했다. 숙소를 나와 캠퍼스를 가로질러 가는데 반대쪽에서 자매 일행이 지나갔다. 동생은 나를 '함께 훈련받을 형'으로 소개했고, 은실 자매와 나는 잠시 인사만 하고 가던 길로 향했다.

처음 본 그녀는 표정이 밝았다. 하지만 오랜 비행을 해선지 어딘가 긴장한 듯 보였다. 이후 그녀와 나는 같은 반에서 훈련하며 서로를 알아갔다. 시공간을 다스리시는 하나님께서 그분의 때, 우리를 만나게 하셨다.

은실 자매는 내 이상형이 아니었지만 유난히 눈에 띄었다. 같은 반에서 수업을 듣는 동안 그녀는 항상 내 옆자리에 앉았다(아내는 지금도 내가 자기 옆에 앉았다고 주장한다).

대화를 나눌수록 우리는 공통점이 많았다. 특히 가정에서 겪은 서로의 아픔에 깊게 공감할 수 있었다. 나이도 비슷했고, 믿음의 1대였으며, 주사(酒邪)가 심한 아버지로 인해 고달픈 학창 시절을 보낸 경험까지 같았다.

우리는 서로에게 서서히 스며들기 시작했다. 내 배우자 기도 제목과는 달랐지만, 시간이 갈수록 그녀와 이룰 믿음의 가정을 꿈꾸게 되었다.

매일 저녁, 열방대학 캠퍼스를 걸으며 기도드렸다. 그리고 나서 남자 숙소로 돌아가는데, 멀리 은실 자매가 머무는 숙소 창문 커튼 사이로 불빛이 새어 나왔다. 나는 그 창문을 향해 손을 뻗어 축복 기도를 했다. 아직 교제를 시작하진 않았지만, 사랑하는 사람을 향한 내 축복 기도는 매일 밤 계속되었다.

'이렇게 매일 간절하게 축복해 주고 싶은 사람이 또 있을까' 싶을 정도로 마음껏 축복했다. 내가 그녀를 위해 해줄 수 있는 유일한 일이 '기도'였다. 그러면서 정식으로 교제하기 위한 하나님의 뜻을 구했다.

보아스도 룻과 결혼을 약속하지 않은 상황에서 그녀를 축복하며 기도했다. 개인의 감정일 수도 있지만, 하나님의 도우심을 바라는 간절함에서 우러나온 축복이었을 것이다. 보아스는 자신이 룻에게 무얼 해줄 수 있는지를 고민하기보다, 룻을 향한 하나님의 보답과 보호를 구하는 데 초점을 맞추었다. 이후 보아스는 룻과 아름다운 믿음의 가정을 이루어 이스라엘 통일왕국의 왕 다윗의 증조부모가 되었다.

결혼할 사람을 위해 축복하며 기도하는 건 큰 의미가 있다. 축복 속에 맺어진 결혼은 단순히 행복한 가정을 이루는 걸 넘어 하나님의 언약을 이루는 통로로 쓰임 받는다.

누구나 그렇듯, 좋아하는 사람이 생기면 감정에 이끌려 하나님의 뜻을 분별하기가 쉽지 않다. 그래서 은실 자매는 가급적 감정이 아닌 말씀으로 응답을 확인하고 싶어 했다. 나는 이미 그녀를 마음에 둔 상태였고, 그녀의 결정을 기다리면서 매일 창문을 향해 기도했다.

어느 순간부터 그녀는 내가 창밖에서 축복 기도하고 있다는 걸 알고는 매일 같은 시간에 창문에 서서 손을 흔들어 주었다. 나는 먼발치서 그녀를 바라보며 더 간절한 마음으로 기도했다. 가정을 이루어 함께 살고 있는 지금, 아내를 향한 그 축복이 고스란히 내게로 흘러오고 있다.

토끼풀 꽃반지 청혼

결혼해서 함께 살아가던 어느 날, 아내가 물었다.

"그때는 우리가 결혼할 상황이 전혀 아니었잖아요. 그런데 왜 결혼하자고 한 거예요?"

아내 말대로, 당시 우리 가족 중 누구도 내 결혼을 환영하지 않았다. 문제는 나에게 있었다. 막 대학을 졸업한 후였고 직장도 없었기에 모아둔 결혼자금도 없었다. 원가정에 기댈 수 있는 상황도 아니었다. 하지만 아내와 함께하고 싶은 열망이 결혼할 수 없는 수많은 이유보다 훨씬 컸기에 결혼을 준비할 수 있었다.

사랑 안에 두려움이 없고 온전한 사랑이 두려움을 내쫓나니 요일 4:18

예수님은 온전한 사랑이 두려움을 몰아내는 힘이 있음을 증명하셨다. 십자가를 지시기 전, 겟세마네 동산에서 하나님 아버지께 드린 기도를 보면, 인간의 몸을 입고 오신 예수님도 두려우셨음을 알 수 있다. 하지만 인간을 향한 주님의 온전한 사랑이 그모든 두려움을 물리칠 힘이 되었다.

주님의 사랑은 그분의 자녀에게 불확실한 미래를 걸어갈 담대함을 준다. 사랑은 두려움을 압도하고, 염려를 없앤다. 남녀의 사랑도 다르지 않다. 사랑하는 사람과 함께할 때 솟구치는 담대함은 둘의 삶에 빛이 되어준다. 인생 전체를 밝혀줄 빛이 되기도하고, 길을 잃지 않게 안내하는 작은 빛이 되기도 한다.

사랑하는 사람과 함께하는 미래를 상상해 보면, 상대를 얼마나 사랑하는지 알 수 있다. 현실이 암울해도 미래의 희망을 당겨올 수 있는 힘이 사랑이다.

은실 자매가 내 인생에 들어온 후, 나는 줄곧 그녀와 함께하는 시간을 꿈꿨다. 열방대학에서 그녀는 꽤 인기가 많았다. 한국인은 물론 외국인까지 우리 관계를 모르는 몇몇 형제가 그녀에게 관심을 보였다(나는 그들을 경계하기도 했다). 하지만 우리는 이미 교제 중이었고, 평생 그녀와 함께하고 싶은 바람이 마음 깊이 자리 잡았기에 나는 청혼을 결심했다.

당시 우리는 곧 중국으로 전도 여행을 떠나야 했기에 서로를 향한 관심을 잠시 접고, 하나님께만 집중하기로 합의한 상태였다. 나는 그녀와의 교제를 잠시 내려놓아야 하는 상황에서 보증이 필요했다. 사랑하는 그녀와 믿음의 가정을 이루어 평생 함께하고 싶은 내 결연한 사랑을 전해야 할 때였다.

그녀에게 잊지 못할 프러포즈를 하고 싶었다. 하얗고 영롱한 진주 반지를 손가락에 끼워주며 평생 함께하자고 말하고 싶었지만, 현실은 그와 거리가 멀었다. 겨우 악기를 팔아 학비를 조달할 계획으로 열방대학에 들어온 나는, 그녀의 가는 손가락에 끼워줄 반지조차 살 여유가 없어서 캠퍼스에 흐드러지게 핀 하얀 토끼풀 꽃을 뽑아 반지를 만들었다. 내 사랑을 표현할 방법이 그것밖에 없었다.

그날 저녁, 그녀와 캠퍼스 중앙에 있는 오두막에 앉아 이야기를 나누었다. 대화가 깊어갈 무렵에 준비한 토끼풀 꽃반지를 그녀 손가락에 끼워주며 청혼했다. 빅토르 위고의《레 미제라블》에서 마리우스가 꽃 한 다발에 자신의 진실한 사랑을 담아 코제트에게 건넨 것처럼, 나도 토끼풀 꽃반지로 나의 순전한 사랑을 고백했다.

"아직은 반지 하나 해줄 수 없을 정도로 가난하지만, 은실 자매를 사랑하는 내 마음을 받아주세요. 은실 자매, 나랑 결혼해 줄래요?"

그녀는 꽃반지를 보며 눈물을 흘렸다.

"그 어떤 반지보다 예쁘고 빛나네요!"

나는 꽃반지에 담긴 사랑의 가치를 알아봐 준 그녀의 손을 잡고 하나님께 감사기도를 드렸다.

그날의 결혼 약속은 이후 어떤 유혹이나 상황에도 굴복하지 않고 우리의 관계를 지켜낼 힘이 되었다. 믿음의 가정을 이루고픈 열망은 힘든 현실을 이겨낼 동력이 되었다. 오직 '사랑'만이 험난한 인생의 산을 넘고 또 넘을 힘이었다.

벼랑 끝에서 만난 약속의 땅

"십 대에 꿈을 꾸고, 이십 대에 준비해서, 삼십 대에 영향력을 미치는 사람이 돼라."

어느 선교사님의 말이 이십 대 끝자락에 선 내 마음을 흔들었다. 마치 잔잔한 호수에 돌멩이를 던진 것처럼, 그 파문이 삶 전체에 퍼져 인생의 방향을 완전히 바꿔놓았다.

청년 시절, 멘토 목사님이 제주 DTS를 계속 권유했지만 나는 줄곧 거절했다. 선교사나 사역자처럼 하나님께 삶을 헌신한 사람들이 받는 훈련으로 생각했기에 내가 갈 곳은 아니라고 여겼다.

그러던 어느 날, 한 선교사님의 간증을 듣고 마음이 무너져 내렸다. 당시 내 인생의 목표는 최고의 디자이너가 되는 거였다. 하지만 '이렇게 사는 게 맞나' 고민하며 삶의 터닝 포인트가 필요한 시점에, 청년기를 하나님께 헌신하며 삶을 올려드린 그 분의 간증에 가슴이 벅차올랐다. 순간, 하나님께서 내게 말씀하시는 것 같았다.

'모든 것을 내려놓고 이십 대의 마지막을 나에게 줄 수 있겠니?'

더 이상 미룰 수 없어서 멘토 목사님께 DTS에 가겠다고 했더니, 제주가 아닌 본교로 가라시는 게 아닌가! 그래서 나는 하와이 열방대학에 가기로 결심했다.

모든 게 순조로울 줄 알았는데 현실의 벽은 생각보다 높았다. 서둘러 학생 비자를 신청한 내게 예상치 못한 질문이 기다리고 있었다.

"광고 디자이너가 왜 갑자기 미션스쿨에 가려는 거죠?"

영사의 의아한 표정에 나는 담담하게 소명을 이야기했지만, 옆에 있던 통역사는 고개를 저으며 부정적인 반응을 보였다. 그리고 비자는 거절되었다. 거절 통지를 받은 순간, 내 안에서 '역시 안되는 일이었어'라며 안정된 일상으로 돌아가라는 속삭임과 '진짜 믿음이라면 끝까지 가봐야지'라며 도전을 재촉하는 목소리가 충돌했다. 그 기로에서 나는 가장 불확실한 길을 택했다.

여행사에서는 비자를 한 번 거절당하면 재신청이 어렵다고 했다. 당시 근무하던 회사 실장님은 만약 비자가 나오면 매달 하와이로 한국 음식을 보내주겠다고 공약까지 내걸 정도로, 아무도 내가 다시 도전할 거라고 기대하지 않는 분위기였다. 하지만 포기하고 싶지 않았다. 하나님께서 정말 나를 보내려 하신다면, 반드시 문을 열어주실 거라고 믿었다. 그때 크리스천이던 사장님이 나를 불러 격려해 주었다.

"백 대리, 제자 훈련을 받는 동안 책상 위 볼펜 한 자루도 건드리지 않고 기다릴게. 마음 편히 잘 다녀와."

하나님께서 사장님을 통해 나를 응원하시는 것 같아 큰 위로가 되었다.

얼마 뒤, 나는 비자를 재신청했다. 출국 날짜를 확정하고 비행기 표까지 예약했다. 그리고 초조하게 기다리던 출국 사흘 전에 기적처럼 비자가 승인되었다. 하나님께서 내 순종을 기쁘게 받으셨음을 확신했다.

그러나 예상치 못한 난관이 또 기다리고 있었다. 반드시 부모님의 허락을 받고 가야 한다는 멘토 목사님의 권면이었다. 출국까지 사흘밖에 남지 않은 상황에서 쉽지 않은 일이었다.

나는 급히 부산으로 내려가 부모님에게 하와이로 유학하겠다고 말했다. 신앙이 없는 부모님에게 '제자훈련학교'(Discipleship Training School)에 간다고 하면 반대할 게 뻔했기에 '디자인 훈련학교'(Design Training School)라고 설명했다.

'어차피 내 인생이 예수 그리스도로 새롭게 디자인될 테니 거짓말은 아니지.'

이렇게 합리화했다. 예상대로 아버지는 "조용히 회사 다니다가 시집이나 갈 것이지, 무슨 유학이냐"라고 했다. 그동안 늘 아들에게만 기대하고 내게는 무관심했던 아버지의 반대는 당연한 반응이었다. 그러나 어머니는 달랐다.

"배움의 자리에 안 갈 이유가 없지. 네가 원하는 대로 해."

한결같이 나를 지지해 준 어머니의 응원 덕에 출국 준비는 이어 갔지만, 아버지의 허락 없이 떠나는 게 옳은지 고민되어 잠을 이룰 수가 없었다. 부모님에게 사실대로 설명하지 않은 것에 대한 죄책감도 밀려왔다.

'어쩌면 하나님께서 마지막까지 내 믿음을 시험하고 계신 게 아닐까?'

그런데 출국 당일 아침, 전화가 걸려 왔다. 아버지였다. 서울에서 자취 생활을 오래 한 딸에게 전화 한 통 하지 않던 아버지여서 심장이 덜컥 내려앉았다.

수화기 너머로 나지막한 목소리가 들렸다.

"서울 날씨 춥다더라. 옷 따뜻하게 입고 출근해라."

평범한 인사였지만, 마음이 이상하게 두근거렸다. 이때다 싶어 조심스레 말씀드렸다.

"아빠, 저 오늘 하와이로 떠나요."

잠시 정적이 흘렀다. 그리고 아버지가 천천히 입을 열었다.

"… 건강하게 잘 다녀와라."

울컥했다. 북받치는 감정을 주체할 수 없었다. 아버지는 이 말을 하려고 전화를 걸었을 것이다. 하지만 바로 말하지 못하고 에둘러 날씨 이야기를 먼저 꺼낸 것 같았다.

전화를 끊고, 한참을 눈물로 기도했다.

'하나님, 정말 감사합니다.'

마음속 아버지를 향한 매듭이 스르륵 풀리는 것 같았다. 때로는 침묵 속에서, 때로는 오해 속에서, 때로는 반대 속에서도 하나님은 일하고 계셨다. 우리가 볼 수 없는 곳에서 보이지 않는 손으로 모든 것을 정교하게 짜 맞추고 계셨다.

내가 모든 걸 내려놓고 이 길을 선택하자 하나님께서 길을 열어주셨다. 비자가 거절되었을 때도, 아버지의 반대와 마지막 전화 한 통까지도. 그리고 그 길 끝에 하나님은 가장 소중한 만남을 예비하고 계셨다.

나는 몰랐다. 그곳에서 내 인생의 가장 특별한 사람을 만나게 될 줄은. 그 만남이 내 신앙 여정에서 하나님이 계획하신 큰 그림의 가장 중요한 조각이 될 줄은. 벼랑 끝에서의 한 걸음이 광야를 지나는 과정일 수 있었지만, 결국 약속의 땅으로 향하는 첫걸음이 되었다.

괜찮은 형제, 매너 리

솔직히 말하면, 형동 형제의 첫인상은 그리 강렬하지 않았다. 마른 체격에 단정한 외모, 어딘지 모르게 공대생 같은 분위기…. DTS에 모인 다양한 국적과 배경의 사람들 속에서 눈에 띄는 존재가 아니었다. 오히려 세계 각국에서 온 형제들이 더 새롭고 흥미로웠다. 무엇보다 그는 내 이상형과 거리가 멀었다. 지금도 우리는 당당하게 말한다. 서로가 이상형이 아니었다고.

그런데 강의 시간마다 앞자리를 사수하려 일찍 가면, 늘 내 옆자리는 그의 차지였다. 우연이라기엔 너무 자주, 필연이라기엔 너무 자연스러웠다. 둘 중 하나는 은연중에 이 만남을 이어가려 애쓰고 있는지도 모른다는 의심이 들 정도였다.

그러나 우리는 서로에게 특별한 감정을 품을 여유가 없었다. 하나님께 온전히 집중하여 제자의 삶을 배우는 일이 더 간절했기 때문이다. 우리의 관심은 이성이 아닌 하나님께 맞춰져 있었고, 그 갈망이 더 컸다. 모든 것을 내려놓고 온 자리인 만큼 다른 것에 마음을 빼앗기고 싶지 않았다.

우리 반은 연령도, 직업도 다양했다. 이십 대부터 육십 대, 선교사, 목사, 의사, 직장인, 학생에 이르기까지 각기 다른 길을 걸어온 사람들이 한자리에 모였다. 가족 단위로 훈련 받는 이들도 많아서 자연스럽게 싱글끼리 어울리게 되었다.

그렇게 형동 형제와 조금씩 가까워졌다. 함께하는 시간이 늘면서 그가 내게 마음이 있는 게 느껴졌다. 그의 시선과 작은 배려에서 미묘한 감정을 감지했다. 문득 돌아보면 늘 그가 내 곁에 있었다(그때 찍은 사진들이 이를 증명한다. 신혼여행 사진이라고 해도 믿을 정도로 사진마다 그는 내 옆에 서 있다). 신기하게도 그게 싫지 않았다. 오히려 그의 장점이 하나둘 눈에 들어오기 시작했다.

하루는 그와 마주 앉아 이야기를 나누었다. 그는 미국에서 유학하다가 한국으로 돌아가기 전, DTS를 받으러 왔다고 했다. 전공은 콘트라베이스이고, 이곳에 오기 전에 호놀룰루에서 며칠간 혼자 여행했다는 말도 덧붙였다. 조용히 말하는 그의 셔츠에 고급 브랜드의 로고가 보였다. 이런 정보들이 모아지자 한 가지 생각에 이르렀다.

'오, 부잣집 아들인가 보다.'

물론 이것이 내 마음을 흔든 건 아니었다. 형동 형제는 자매들 사이에서 "매너 리"로 불렸다. 늘 친절했고 배려가 몸에 배어 있었다. 말 한마디, 행동 하나에서 따뜻하고 섬세한 성품이 드러났다. 그는 누군가가 힘들어하면 조용히 다가가 도왔고, 무거운 짐을 말없이 들어주었다. 늘 타인을 먼저 배려하는 그의 모습을 지켜보면서 '참 괜찮은 형제'라고 생각했다.

그때는 몰랐다. 평범해 보이던 그가 내 인생의 가장 특별한 사람이 될 줄은.

세 번의 기도 응답

어느덧 그와 나 사이에 서로를 향한 특별한 감정이 싹트기 시작했다. 그는 나와의 교제에 확신이 있었다. 그래서 먼저 기도하며 하나님의 인도하심을 구했고, 내게도 기도해 볼 것을 권했다.

그가 좋은 형제인 건 분명했지만, 미래를 약속할 만큼 확신이 서지 않았다. 감정과 의지가 아닌 하나님의 명확한 뜻과 응답이 필요했다. 그래서 하나님께 솔직히 고백했다.

'하나님, 저는 기드온 같은 사람이에요. 눈앞에 확실한 증거가 세 번 나타나지 않으면 연애도, 결혼도 한 걸음 내딛기조차 어려워요. 하나님의 사인이 필요합니다. 말씀으로 응답해 주시고, 주님 뜻대로 인도해 주세요.'

그리고 응답을 기다리며 계속 기도했다.

첫 번째 응답은 고요한 속삭임처럼 다가왔다. 'Father's Love'라는 주제로 강의를 듣던 날이었다. 오전 강의가 끝나고 쉬는 시간에 Topi 목사님이 작은 메모를 내게 건네며 말했다.

"This is the word that God wants to give you"(이것은 하나님께서 당신에게 주시는 말씀입니다).

메모에는 이렇게 적혀 있었다.

"Song of Songs 2:9."

갑작스러운 말씀에 어리둥절했다.

'왜 내게 이 말씀을 주시는 걸까?'

영어 성경에 익숙하지 않았던 나는 곁에 있던 형동 형제에게 어느 구절인지 물었다. 그는 성경을 찾아 보여주며 말했다.

"하나님께서 자매님에게 응답해 주셨네요."

내 사랑하는 자는 노루와도 같고 어린 사슴과도 같아서 우리 벽 뒤에 서서 창으로 들여다보며 창살 틈으로 엿보는구나 아 2:9

그때까지만 해도 형동 형제가 캠퍼스를 돌며 내 숙소 창문을 향해 기도한다는 사실을 몰랐기에 이 말씀의 의미를 이해하지 못했다.

'이게 정말 하나님의 음성일까, 아니면 우연일까?'

두터운 의심의 벽이 내 마음을 에워싸고 있었다. 마치 흐린 유리창 너머 희미하게 보이는 빛처럼 그 응답은 분명하지 않게 여겨졌다. 하지만 하나님은 그분의 사랑 이야기를 세밀하게 써 내려가고 계셨다.

두 번째 응답은 별빛이 내려앉은 밤중에 찾아왔다. 나는 기숙사 방에서 가장 늦게까지 깨어 일기를 쓰곤 했다. 모두가 잠든 적막한 밤, 방문이 조용히 열리더니 한 자매가 찾아왔다. 그녀는 DTS를 받으러 온 한 가정의 보모로, 아이들을 돌보느라 학생들과 교류가 거의 없어 나와도 가끔 인사만 나누는 사이였다. 그녀가 조심스럽게 말했다.

"자매님, 잠깐 이야기할 수 있을까요?"

조금 놀란 마음으로 그녀를 따라갔다. 달빛 비치는 벤치에 마주 앉은 그녀가 조심스럽게 말을 꺼냈다.

"며칠 전에 꿈을 꾸었어요. 꿈을 거의 꾸지 않는데, 너무 선명해서 계속 떠오르고, 자매님에게 말하지 않으면 안 될 것 같아서요."

그러면서 꿈 이야기를 했다.

"자매님이 어떤 형제와 함께 있었고, 많은 사람에게 둘러싸여 축복받으며 환하게 웃고 있었어요. 둘이 정말 행복해 보였어요. 너무 생생하고 실제처럼 느껴져서 제 마음이 계속 두근거렸어요. 자매님이 당황할까 봐 몇 번 망설이다가 기도하고 왔어요. 자매님만 깨어 있으면 좋겠다고요."

그녀의 말에 혼란스러웠다. 사실 당시 형동 형제뿐 아니라 나를 마음에 두고 있는 외국 형제도 있었다. 나는 호기심도 일고, 혹시 하나님께서 다른 길을 예비하셨을지 모른다는 생각이 들어 그녀에게 물었다.

"그 형제가 한국인이었나요, 외국인이었나요?"

그녀는 망설임 없이 형동 형제를 지목했다. 나는 큰 충격을 받았다.

'이 자매는 나와 가깝지도 않고, 아무도 그와 나의 관계에 대해 모르는데… 어떻게?'

이십삼 년 전, 그날의 일기장에 이런 글이 쓰여 있다.

하나님! 두 번째 확인인가요, 아닌가요? 저, 정말 너무 신기하고 놀라워요. 아무것도 모르는 자매가 꿈을 꾸다니, 그것도 제 꿈을요. 하나님, 어떻게 받아들여야 하나요? 여전히 제 맘 가운데 지속해서 계시해 주시길 원해요. 하나님의 뜻과 계획하심을요.

세 번째 응답은 하늘에 물감이 번진 듯한 아름다움으로 다가왔다. 두 번째 응답을 받은 지 한 달 뒤, 주말에 싱글들과 함께 마트로 향했다. 이동 수단이 마땅치 않아 히치하이크를 했는데, 한 남자가 태워줘서 형동 형제와 나는 트럭 짐칸에 앉아 하와이의 아름다운 자연을 감상하며 찬양을 부르며 여행을 즐겼다.

그날따라 하늘이 더 높고 푸르렀다. 세상이 마치 영화속 한 장면 같았다. 우리의 찬양이 하늘에 닿을 무렵, 갑자기 푸른 캔버스에 천사의 붓으로 그린 듯한 쌍무지개가 광활하게 펼쳐졌다. 바람도, 소리도, 시간도 멈춘 듯했다. 하나님의 약속을 담은 두 무지개가 마치 우리 둘을 위한 것처럼 느껴졌다.

성경 구절이 적힌 메모, 한 자매의 꿈 그리고 쌍무지개를 어떻게 하나님의 응답으로 확신할 수 있냐고 물을지 모른다. 단순한 우연으로 볼 수도 있다. 하지만 하나님께 모든 가능성을 열어두고 응답을 구하던 내게, 이 세 사건은 마치 퍼즐 조각이 맞춰지듯이 한 사람을 향해 있다고 느껴졌다.

나는 그 속에서 하나님의 세밀한 인도하심과 사랑의 손길을 보았다. 마치 사랑하는 사람의 목소리는 수천 가지 소리 속에서도 단번에 알아듣는 것처럼.

그날 저녁, 캠퍼스 중앙에 있는 작은 오두막에서 그가 내게 청혼했다. 그의 한마디 한마디가 마음 깊이 스며들었다. 기쁨과 감사의 눈물이 흘렀다. 그가 정성스레 엮어 손가락에 끼워준 토끼풀 꽃반지는 다이아몬드보다 더 반짝였다. 소박한 초록 링이 세상에서 가장 값지게 보였다. 하늘에는 은하수가 별 가루를 뿌리며 우리의 앞날을 축복해 주었다.

세 번의 응답과 함께 찾아온 그의 청혼은, 내 인생에서 가장 아름다운 하나님의 메시지였다. 그날의 일기는 특별하다.

2003년 1월 25일

하나님, 저 행복해요. 너무너무 아주 많이요. '사랑은 이런 거구나' 이제야 생각이 들어요. 감사해요.

아버지, 무지개를 기억할게요. 절망과 아픔과 근심이 우리를 흔들어도 기도하면서 이겨낼게요. 하나님이 주신 이 귀중하고 소중한 기회를 절대 쉽게 포기하거나 놓지 않을게요. 제게 정말 적합하고 사랑스러운 사람을 예비해 주셔서 감사해요. 지금은 우리가 훈련에 집중하고 하나님께 나아가지만, 이다음에 좋은 열매를 맺을 거예요. 물론 하나님께서 허락하실 때요.

감사해요, 아빠! 이제는 정말 모든 마음을 아빠께만 올려드릴게요. 온전히, 온 맘 다해. 제 마음을 지켜주세요. 최고로 아름다운 곳에서 최고로 아름다웠던 날, 최고로 멋진 사람에게 최고의 선물을 받게 해주셔서 감사해요. 나의 신랑 되신 예수님, 사랑합니다.

은밀한 연애

DTS 기간에는 SR(Special Relationship)이 금지되어 있다. 예수님의 제자로 살아가도록 온전한 훈련을 받는 시간이기에 이성이나 다른 것에 마음을 빼앗기면 안 되고, 잘못된 교제로 관계가 악화하거나 훈련에 영향을 미칠 수 있기 때문이었다. 우리도 이 규칙을 잘 알기에 더욱 조심했다.

우리는 단순한 연애가 아닌 결혼을 생각할 나이였다. 시간이 흐르면서 그는 더 적극적으로 마음을 표현했고, 나도 그의 진심에 마음이 움직였다. 별이 쏟아질 것 같은 하와이의 밤하늘 아래 부드러운 잔디에 누워 별을 세며 그와 함께 걷는 길을 상상하곤 했다. 쏟아지는 별빛처럼 내 마음도 그에게로 쏟아지고 있었다.

하지만 'SR 금지'라는 난관을 어떻게 헤쳐 나가야 할지 고민이었다. 몰래 숨어서 연애할 수도 있었지만, 편법과 불법을 싫어하는 남편은 학교 리더들에게 정직하게 말하자고 제안했다.

우리는 전도 여행을 떠나기 전, 조심스러운 마음으로 리더들에게 사실을 알렸다. 우려와 달리 그들은 한껏 축복해 주었다. 우리의 정직함과 서로를 향한 순수한 마음을 높이 산 그들은 우리 커플을 신뢰했고 보호해 주기로 했다.

드러내고 연애할 수는 없었지만, 리더들의 기도와 보호 속에 은밀한 연애가 시작되었다. 여전히 SR은 금지였기에 우리의 데이트엔 늘 제삼자가 함께했다. 그래서 도움을 준 몇 사람 외에는 전도 여행이 끝날 때까지 우리의 교제 사실을 눈치채지 못했다.

전도 여행을 위해 하와이를 떠나기 전, 우리는 한 나무 밑에 믿음의 증표로서 타임캡슐을 묻었다. 그 안에는 우리의 미래를 기대하며 쓴 편지와 하와이 시절을 추억할 작은 소품을 넣었다. 우리가 심은 것은, 단순한 상자가 아닌 미래에 꽃피울 소망의 씨앗이었다. 결혼 이십 주년에 꼭 파보자고 약속했지만, 안타깝게도 실행하지 못했다.

우리는 훈련을 마칠 때까지 서로를 향한 마음을 잠시 내려놓고 하나님께 온전히 집중하기로 했다. 돌아와서 본격적으로 연애하기로 약속하고 말이다. 덕분에 중국 전도 여행을 가서도 사역과 훈련에 집중할 수 있었다.

이후 그는 내게 마음을 자주 표현해 주었다. 눈 덮인 길을 걷다

보면 그가 남긴 하트 발자국이 나를 반겨주었고, 페인트 뚜껑에 칠해진 작은 하트가 내 하루를 설레게 했다. 주방 봉사 날이면 당근이나 두부, 달걀이 하트 모양으로 변해 내 식판에 올려져 있었고, 거울에 맺힌 입김 위에 그려진 하트를 보며 나는 종일 미소 지었다.

난 알았다. 이 모든 게 그의 '하트 시그널'이라는 것을. 그의 창의적인 사랑의 신호가 우리 사이에 보이지 않는 사랑의 지도를 그려갔다. 반면에 나는 대놓고 표현하지는 않았지만, 우리의 러브 스토리를 매일 기록했다.

홍콩의 화려한 불빛부터 윈난성의 고요한 석양까지, 우리는 중국을 종단하는 긴 여정 중에 결혼에 관한 기독 서적을 읽으며 본격적인 연애를 준비했다. 남녀의 다름을 공부하고 복된 만남에 관해 배우는 이 시간이 특별하고 행복했다. 규칙상으로는 금지였지만, 리더들의 축복 아래 진정한 'Special Relationship'을 이루어갔다.

어쩌면 이것이 우리 부부의, 아니 모든 관계의 진정한 모습인지 모른다. 겉으로 화려해 보이는 관계보다 서로를 이해하고 존중하며 준비하는 관계. 이렇게 하나님의 때, 그분의 방법으로 맺어진 관계는 조용하고도 깊게 그리고 아름답게 피어난다.

우리, 그만해요

하와이 열방대학에서 DTS를 수료한 후, 형동 형제는 음대에 복학했고, 나는 광고회사 디자이너로 복직했다. 일 년 남짓 연애하면서 우리의 사랑은 더욱 단단해졌다.

여느 연인들이 화려한 카페나 레스토랑에서 데이트할 때, 우리는 시장에서 홍시나 귤을 사서 공원에 앉아 까먹으며 데이트를 즐겼다. 물론 영화도 보고 평범한 데이트도 했지만, 소소한 일상에 기뻐하고 감사할 줄 아는 코드가 참 잘 맞았다.

그가 부잣집 아들일 거라는 추측은 금세 깨졌다. 그가 입었던 고급 브랜드 의류는 대부분 블랙프라이데이(미국에서 추수감사절 다음 날인 금요일로, 일 년 중 가장 큰 폭의 세일 시즌이 시작되는 날) 때 약 9불에 건진 제품이었다. 그는 좋은 신앙과 아름다운 성품 외에는 가진 게 없는 가난한 학생이었다.

하지만 내게는 아무 문제가 되지 않았다. 작은 것에서 기쁨을 찾는 태도, 삶을 긍정적으로 바라보는 믿음, 정직하고 성실한 성품이 그 모든 부족함을 덮고도 남았기 때문이다.

그렇다고 물질적인 부분이 중요하지 않다는 뜻은 아니다. 나는 지금도 배우자를 놓고 기도하는 청년을 만나면 "신앙과 성품뿐 아니라 물질도 함께 구해야 해"라고 농담처럼 이야기한다. 사랑만으로 결혼이 유지되는 건 아니기에.

결혼을 준비하면서 쉬운 게 하나도 없었다. 제일 큰 건, 예식 날짜가 다가오는데 신혼집을 구하지 못한 거였다. 게다가 형동 형제는 "어차피 나그네 인생인데, 많은 걸 준비할 필요 없다"라는 말로 나를 설득했다. 장롱도 사지 말고, TV도 사지 말고, 심지 어 신혼여행도 가지 말자고 했다. 그 말을 듣고 나는 생각했다.

'그래? 그러면 결혼도 하지 말자.'

신혼여행마저 포기하자는 말에 결혼에 대한 모든 설렘이 한순 간에 무너져 내렸다.

'신부라면 누구나 꿈꾸는 로맨틱한 시간마저 가질 수 없다니, 이게 과연 내가 원하던 결혼의 모습일까?'

그도 대학을 막 졸업하여 경제적으로 준비되지 않은 상태에서 결혼하려니 모든 게 버거웠을 것이다. 물론 이해 못 하는 건 아니 었지만, 내 안에서는 현실과 이상이 격렬하게 충돌하며 거센 파도 를 일으키기 시작했다.

'남들은 다 순탄하게 하는 결혼이 나는 왜 이렇게 힘들까?'

어느새 나의 결혼 기준이 '하나님의 인도하심과 공급하심'이 아 닌 '다른 이들의 화려한 결혼 모습'이 되어갔다. 끊임없는 비교 의 식이 나를 비참하게 만들었고, 급기야 결혼에 대한 근본적인 생각 까지 흔들어 놓았다. 결혼을 앞둔 신부라면 누구나 느낄 법한 설 렘이나 기대감보다 '과연 이 결혼을 감당할 수 있을까'라는 불안 감이 나를 옥죄었다. 시간이 흐를수록 형동 형제에 대한 확신이 물안개처럼 사라져갔다.

결국, 결혼을 한 달 앞두고 떨리는 목소리로 그에게 말했다.

"우리, 그만해요."

이 여섯 글자를 내뱉었을 때, 시간이 멈춘 듯했다. 나는 그의 반응을 어렴풋이 예상했다. 서운해하거나 화내거나 아니면 고민 끝에 "그래요, 우리 그만해요"라고 할 줄 알았다.

두 사람이 삐걱대는 수레를 겨우 끌고 가고 있는데, 한 사람이 손을 놓으면 다른 사람도 함께 놓는 게 당연하지 않은가! 그런데 그가 이렇게 말했다.

"알겠어요. 하지만 저는 기도하며 자매님 마음이 가라앉을 때까지 기다리고 있을 거예요."

머릿속이 실타래처럼 엉켜버렸다.

'결혼식이 코앞인데 파혼하면 어떻게 되는 거지? 부모님에게는 뭐라고 말해야 할까?'

현실적인 걱정이 앞섰다. 그런데도 형동 형제는 폭풍 속에서도 흔들림 없는 등대처럼 그 자리에서 묵묵히 기도하며 내 마음이 돌아오길 기다렸다.

훗날 남편에게 물었다.

"그때, 불안하지 않았어요?"

남편이 담담하게 대답했다.

"아니, 오히려 더 확신이 생겼어요."

남편은 내 마음이 근본적으로 흔들린 게 아니라, 주위의 화려한 결혼과 비교하면서 생긴 불안 때문이었음을 꿰뚫고 있었다. 그래서 내가 순간적인 감정에 휩쓸리지 않도록 자기가 더 중심을 잡아야겠다고 생각했단다.

나는 불안의 파도에 휩쓸려 표류했지만, 그는 기도의 닻을 깊이 내리고 흔들림 없이 자리를 지켰다. 내가 마음이 흔들려 등 돌리려 했을 때, 그는 하나님 앞에서 우리 관계를 끝까지 붙들었다. 나는 결혼에 확신이 서지 않았지만, 그는 결혼이 두 사람이 발맞추어 가는 평생의 여정임을 이해하고 있었다.

결혼이 성사될 수 있었던 건 그의 간절한 기도와 기다림 덕분이었다. 결국 폭풍은 지나갔고, 그의 '변함없는 기도와 기다림'이라는 햇살 아래 내 마음은 다시 꽃을 피웠다.

결혼이란 감정이 흔들릴 때 쉽게 손을 놓아버리는 것이 아니다. 오히려 서로의 손을 굳게 잡고 인내하며 맞추어 가는 연합의 과정이다. 이 깨달음은 수많은 계절을 지나며 우리 부부의 마음에 더 깊이 뿌리내렸다.

2장
부부, 하나님의 디자인

세상에 하나밖에 없는 사영리 청첩장

결혼 준비 과정이 순탄치 않았지만, 할 수 있는 한 최선을 다하고 싶었다. 특히 청첩장은 단순한 초대장을 넘어 결혼의 의미를 담아낼 하나의 편지라고 생각했다. 그래서 시중에서 파는 청첩장에는 눈길조차 주지 않았다. 결혼이라는 특별한 날을 알리는 초대장이 똑같이 찍혀 나온 인쇄물일 수는 없었다. 디자이너로서 자존심이 허락하지 않았다.

나는 우리 이야기를 온전히 담아내고 싶었다. 디자인부터 제지 선택, 인쇄 감리까지 하나하나 고민하며 심혈을 기울였다. 결과는 기대 이상이었다. 일반적인 카드 형식이 아니라, CD 케이스 크기에 열두 쪽이나 되는 책 같은 청첩장이 탄생했다. 친척과 지인들은 받자마자 신기한 듯 펼쳐 보며 "어머나, 이게 뭐야!" 하고 감탄했다.

표지에는 "푸르른 내일의 아름다운 시작"이라는 문구와 "Start for better tomorrow in Jesus"(예수님 안에서 더 나은 내일을 시작하라)라는 글귀를 새겨 넣었다. 결혼이 그저 한 남자와 한 여자의 결합이 아닌 '예수님 안에서 시작하는 새로운 사명과 비전의 여정'임을 전하고 싶었다.

청첩장 안에는 우리가 어떻게 만났는지를 짧게 적었다. 첫 만남부터 결혼에 이르기까지 하나님의 사랑과 인도하심이 있었기에 아름다운 가정을 이룰 수 있었으며, 앞으로의 걸음도 그분께서 이끌어 가실 것을 굳게 믿는다는 고백을 담았다.

그리고 한쪽에는 형동 형제가 콘트라베이스를 연주하는 사진을 넣었다. 그 선율 위에 우리 사랑을 담고 싶었다. 옆에는 우리가 사랑하는 찬양 〈그대를 향한〉의 가사를 적었다. 그가 직접 연주해 준 찬양이었기에 내게는 각별했다.

이 찬양 가사는 우리 사랑을 대변하는 메시지였다. 한 구절 한 구절이 하나님의 뜻을 함께 이루어가는 결혼의 참 의미를 이야기해 주었다.

"그대를 향한 나의 마음은 어둠은 이길 수 없는 깊고 깊은 생명의 힘."

어둠 속에서도 빛을 잃지 않는 생명의 힘처럼, 우리 사랑도 하나님의 은혜 안에서 깊어지고 강해질 것을 믿었다.

"그대를 향한 나의 마음은 아침 내 창가에 내린 햇살과 같네.

그대를 향한 나의 마음은 그대를 내게 허락한 그분을 보게 하는 힘."

우리가 서로를 아침 햇살처럼 따뜻하게 감싸주고, 새로운 하루를 기대하게 하는 관계가 되길 소망했다. 이 결혼이 둘만의 사랑으로 끝나지 않고, 하나님의 사랑을 깊이 경험하는 통로가 되길 원했다.

청첩장 속 가사를 음미하며 결혼이 하나님이 주신 선물임을 기억했다. 처음 만난 순간부터 결혼 준비 과정 그리고 함께 살아갈 날들까지, 우리 사랑을 지탱할 힘은 하나님의 사랑이었다.

마지막 페이지에는 구원의 메시지가 담겨 있었다. 아직 복음을 알지 못하는 가족과 지인을 위해, 사영리를 따뜻한 일러스트로 표현했다. 우리의 청첩장이 단순한 결혼 초대장이 아니라 '영원한 생명으로의 초대장'이 되기를 바랐다. 두 사람의 결합을 알리는 소식이 누군가의 영혼에 복음의 씨앗이 되기를 기도하며 정성껏 준비했다.

그러나 친정아버지의 호된 꾸지람을 피할 수는 없었다.

"이게 청첩장이야! 결혼 날짜랑 장소는 어디 써 있는 거야?"

부모 세대에게는 날짜, 시간, 장소 등이 명확히 보여야 했지만, 우리 청첩장에는 그것들이 돋보이지 않았다. 결국 궁여지책으로 봉투에 큼직한 글씨로 날짜와 장소를 새겨 넣었고, 아버지는 그제야 만족했다. 나는 내심 이 청첩장이 쉽게 버려지지 않길 바랐다. 바래고 구겨져도 서랍 한쪽에 오래도록 보관했다가 언젠가 다시 꺼내 볼 날이 왔으면 했다.

어느덧 이십일 년이 흘러, 책장에 있던 청첩장을 다시 펼쳐 보았다. 그 안에 적힌 기도 제목을 읽으며 마음이 뭉클해졌다.

- 하나님께 영광 돌리는 가정이 될 수 있도록
- 가족과 이웃과 열방에 축복의 통로가 되도록
- 가정이 화목하고, 영육이 강건하며, 범사가 잘될 수 있도록
- 영권과 물권이 있어 필요한 사람들에게 나눠줄 수 있도록
- 자녀의 복을 주시고, 대대로 주님을 영화롭게 해드릴 수 있도록
- 우리가 주 안에서 사랑하고 의지하며, 비전을 위해 동역하고 섬길 수 있도록

그때는 몰랐다. 이 기도 제목들이 하나님의 약속이 될 줄은. 우리는 하나님께 영광 돌리는 가정을 이루었고, 부족하지만 이웃과 열방을 섬기며 살고 있다. 네 자녀를 키우면서 영육의 강건함과 하나님의 공급하심을 경험했고, 주님 안에서 서로를 더욱 사랑하며 함께 걸어가고 있다.

우리가 결혼을 준비한 순간부터, 아니 그 이전부터 하나님은 우리 가정을 계획하고 계셨다. 그 작은 청첩장 안에 우리의 삶을 미리 기록해 두셨다.

푸르른 내일의 아름다운 시작

1919년 3월 1일, 우리 민족이 새 역사를 향해 첫걸음을 내디뎠듯이 2004년 3월 1일, 우리는 하나님 안에서 믿음의 가정을 이루며 새로운 역사의 출발선에 섰다.

남편은 사 남매 중 막내고, 나는 오빠가 있었지만, 우리 집에서는 첫 결혼이었다. 그래서 시댁의 배려로 친정이 있는 부산에서 결혼식을 올렸다.

양가 모두 믿지 않는 가정이었지만, 결혼을 통해 하나님께 영광을 올려드리고 싶은 우리의 간절한 바람대로, 나의 모교회였던 부산 은항교회에서 이한의 목사님의 인도로 결혼 예배를 드릴 수 있었다. 이 또한 하나님의 선물이었다. 얼마나 큰 기적이었는지, 지금 돌아봐도 감사할 뿐이다.

결혼식 날, 전국 각지에서 온 지인과 친척들로 교회가 가득 찼다. 익숙한 얼굴들 사이에서 따뜻한 응원과 축복의 시선이 느껴졌다. 그리고 특별한 순간이 우리를 기다리고 있었다. 바로 믿음의 친구들이 준비한 감동적인 순서였다.

그중에서도 결혼식의 꽃은 친구 정남이의 축무(祝舞)였다. 아름다운 몸짓 하나하나에 하나님을 향한 찬양과 축복의 마음이 담겨 있어 마치 예배의 연장선처럼 느껴졌다.

처음 보는 결혼 축무에 하객들은 깊이 빠져들었고, 하나님을 향한 경이로움과 기쁨이 식장을 가득 채웠다. 이어서 남편이 섬기던 이천 신하교회 선후배가 축복의 노래를 불러주었고, 함께 DTS를 받은 지은이가 축가를 불러줄 때, 나는 눈물을 참을 수가 없었다.

노래하는 지은이 뒤로 부모님이 보였다. 사실 이 결혼 예배는 부모님의 첫 예배였다. 오랜 시간 간절히 드렸던 기도가 마침내 응답받는 순간이었다. 축가의 선율이 울려 퍼질 때, 그 음표들이 부모님 마음속에 복음의 씨앗으로 심기기를 소망했다.

나는 한때 '행복한 가정은 드라마 속에나 존재하는 허상'으로 생각했었다. 그런데 하와이에서 믿음의 가정들을 보며 결혼에 대한 비전과 소망이 생겨났다. 결혼이 늘 상상 속에만 존재하던 내게, 하나님은 이런 마음을 주셨다(그때는 남편을 만나기 전이었다).

'은실아, 나는 네가 생각지도 못한 것을 줄 거란다.
네게 가장 적합하고, 너를 사랑으로 감싸줄 수 있는
믿음의 신랑을 예비해 두었단다.
네가 이룰 가정이 내 안에서 큰 축복을 받을 것이고,
네 가정을 축복의 통로 삼아 생명이 흘러갈 것이며,
네 가정을 통해 내가 영광 받기를 원한다.
은실아, 사랑한다. 축복한다.
네가 결혼에 소망을 가지고 적은 계획들을 이루어 나가렴.
내가 예비한 땅에 와서 맘껏 누리렴.'

주님이 주신 마음은 얼어붙은 내 마음을 햇살처럼 녹여주었다.

남편과 나는 결혼을 준비하며, 결혼 자체를 목적 삼지 않기 위해 기도했다. 그리고 하나님이 디자인하신 가정에 대해 깊이 고민했다. 감사하게도, DTS에서 배우고 경험한 모든 것이 '결혼 예비 학교' 커리큘럼이 되었다.

우리는 죄인과 죄인의 만남에서 선한 것이 나올 수 없다는 사실을 일찌감치 깨달았기에 성경적인 가정의 면면을 공부했다. 남녀의 차이를 이해하고, 아내와 남편의 역할과 책임을 배웠으며, 갈등을 건강하게 해결하는 방법도 익혔다(그 과정이 실제 결혼 생활의 기반이 되었다).

하와이에서 6개월간 동고동락했던 시간은 서로의 연약함을 드러내고 상대를 깊이 알아가게 해주었다. 무엇보다 함께 훈련하며 공유한 기억이 우리를 이어주는 큰 재산이 되었다.

우리는 결혼 후 부딪칠 문제를 예상하여 리스트를 작성했다. 결혼은 단순히 사랑하는 남녀가 함께 사는 것이 아니라, 다른 환경에서 자란 두 사람이 서로를 알아가고 조율해 가는 과정이기에 문제가 없을 수 없다. 중요한 건, 그 상황에 '어떤 선택을 하느냐'이다.

그래서 문제를 만날 때 하나님이 기뻐하시는 믿음의 선택을 할 수 있도록 미리 기도했다. 모든 문제를 순적하게 넘어가길 바랐지만, 만약 어려움이 닥친다면 하나님이 기뻐하시는 방향으로 함

께 나아가길 간구했다. 그 기도가 쌓여 든든한 버팀목이 되어주
리라 믿었다.

그리고 마침내 부부의 시작을 알리는 날, 축가와 함께 하나님
이 주신 약속이 떠올랐다. 나를 위해 예비하신 신랑, 우리 가정을
통해 흘러갈 축복 등 모든 것이 하나님의 선물임을 깨닫고 감사
의 눈물을 흘렸다. 그 눈물에는 하나님의 인도하심에 대한 경이로
움과 남편과 함께 걸어갈 여정에 대한 설렘이 가득했다.

우리의 결혼은 불완전하다. 하지만 우리는 완전하신 하나님
안에서 서로를 알고 사랑하며 성장하고 있다. 하나님께서 예비하
신 푸르른 내일을 향해 오늘도 함께 걸어간다.

엄마의 손 편지

결혼 전날, 엄마는 남편과 내게 편지를 주었다. 꼭 신혼여행지
에서 읽으라고 신신당부하면서. 편지 봉투엔 "이제 어른이 되는
예쁜 딸", "이제 새로운 우리 가족이 되는 든든한 형동이"라고 쓰
여 있었다.

그 편지 내용을 나누고자 한다.

세상에서 제일 아름다운 공주, 사랑하는 내 딸

가난하고 소박한 우리 집, 엄마 배 속에서 열 달 동안 잘 자라서 엄

마의 행복 속 진통을 통해 태어나 엄마 손길 제대로 받지 못했어도 무탈하게, 귀엽고 똘똘하게 커서 훌륭한 사회인이 된 걸 감사한다.

세월은 역시 속일 수도, 붙잡아 매지도 못하겠고, 딸을 엄마 옆에 마냥 잡아둘 수도 없구나. 이제 시집보낸다고 날짜를 정하고 보니 딸을 영영 빼앗기는 게 실감이 나네.

몸은 비록 엄마 곁을 떠나 있어도, 마음속 답답하고 괴로운 일들 모두 털어놓고 하소연하며 기대고 싶은 친구였는데, 좋은 친구를 형동이에게 양보하고 친구를 하나 더 얻었으니 기쁘다고 해야 하나?

누구에게 주어도 아까운 내 딸 그리고 친구, 어려서부터 남달리 욕심도 샘도 많은 탓에 엄마의 큰 보살핌 없이도 오늘의 개성 있는 산업디자이너가 된 내 딸.

생활이 부유치 못해 딸이 원하는 것 제대로 못 해준 것이 못내 마음 아파서, 취업 이후 사회인이 되어서나마 날개 펴고 하고 싶은 일 모두 해보라고 믿고 맡겨왔지. 아빠의 그 어떤 섭섭한 말씀도 모두 귓전으로 흘려보내거라.

부모는 자식이 항상 어리다고만 생각하는데, 어느새 이씨 문중 며느리로 문을 넘게 되는구나. 하지만 걱정하지 않아도 될 것 같아. 왜냐하면 '좋은 동반자', '훌륭한 남편', '영원한 친구' 등 모든 것을 다 가진 형동이가 있어, 엄마는 마음이 든든해서 너를 믿고 맡길 수 있을 것 같아서 좋아.

우리 딸도 이제 한 가정의 둥지를 보살펴야 하는 막중한 임무를 맡은 거지. 엄마도 어려운 시절에 태어나 힘든 세월을 보냈지만, 뒤돌아보면 힘들었던 것만은 아닌 것 같아. 지지고 볶고 큰소리 내면서도 그 속에서 행복과 사랑이 싹트고 있었구나. 이게 바로 여자의 길인가 싶다. 딸도 엄마만큼만 열심히 산다면, 어렵고 힘든 일은 없을 거야. 세상에 남남이 만나 살면서 좋은 일만 있을 수는 없어.

예를 들어, 아빠를 본다면 백 퍼센트 중 오십 퍼센트 좋은 점, 나머지는 엄마한테 속상한 일이었지만, 그것이 아빠의 장단점이었으니까. 젊어서는 이해를 못 해 울고불고 싸웠는데, 지금 생각해 보니 왜 그랬나 싶어. 조금만 참을걸. 엄마 성격이 너무 불같은 탓이지 뭐!

예전에 외할아버지가 아빠가 어머니의 정이나 사랑을 전혀 받지 못했으니, 그 몇 배의 정을 주면서 살라고 하셨는데 그 말씀을 순간순간 잊고 살았구나. 부부가 사는 세월이 긴긴 여정인 줄 알았는데, 그게 아니야. 너무 짧다는 생각이 들어. 돌이킬 수도 없는 거니까.

우리 자식들은 좀 더 알차고 실속 있고 사랑과 행복이 가득 담긴 삶을 살아갔으면 해. 서로 이해하고 배려하면서 정말 속상할 때는 한 발짝 물러섰다가 천천히 다시 다가서는 마음부터 갖도록 해. 앞으로 살아가는 데 있어서 부부밖에 없다는 사실도 명심 또 명심하고.

맡은 일을 열심히 해서 인정받는 것도 중요하지만, 1순위는 가정이고, 주변 형제들과 더불어 사는 것이란다. 험한 세상을 살자면 독불

장군으로 살 수 없다는 사실, 특히 시어머님에게 잘하고 시댁 식구들과 돈독함을 유지하고, 말보다는 항상 실천으로 옮기렴.

말 한마디라도 정감 있게 하고. 어렵게 살았어도 부모에게 잘 배우고 예쁘게 컸다는 말은 들어야지. 물론 똑똑한 내 딸은 잘해 주리라 백 퍼센트 믿는다. 영원한 내 딸로 계속 사랑해.

— 사랑하는 엄마가

세상에서 제일 훌륭하다고 생각하는 사위+아들

이 편지를 보게 될 때쯤 나의 소중한 딸 실이를 진실한 아내로 맞겠구나. 예비 사위가 아닌 정식 사위로 인정받는 순간이기도 하고.

이제 백 씨 집안 사위이기보다 둘째 아들로 자리를 채워갔으면 하는 바람이다. 너희 둘만의 가정이 우선이겠지만, 두 가정이 합쳐서 이룬 행복이니까 한쪽의 반쪽은 다른 반쪽을 채워서 한쪽을 만들고, 그 나머지 반쪽도 열심히 노력하여 한쪽을 꽉 채워줄 수 있는 인물이 되었으면 좋겠다.

엄마가 수십 년 살아오면서 느끼고 배운 점은 꾸준한 인내력, 항상 긍정적인 생각, 풍부하지 않아도 소박한 삶, 따뜻한 가정, 서로 조금씩 양보하고 배려하고 존중한다면, 그 어떤 것도 문제가 되지 않는다는 사실이야.

아버지, 엄마는 배움이 짧아서 서로 이해해야 할 것을 제대로 찾지 못해 고난이 있었지만, 그래도 가정의 도덕은 외할아버지로부터 정확하게 배웠기에 오늘이 있기까지 남에게 누가 되는 일은 없었던 것 같다. 세월이 흐름에 따라 시시각각 변해가는 것이 많은 세상이지만, 변하면 안 되는 중요한 부분도 아주 많이 있어.

너희는 진실한 신앙이 있고, 배울 만큼 배운 지식인들이니까 문제가 핑계가 되어서는 안 된다는 걸 가슴 깊이 새기도록 해. 그저 열심히 도와가며 힘들 때는 서로 위로하고, 힘든 마음 보듬어주고, 어머님에게 몇 배 더 효도하고, 형제들에게 더 가까이 다가가도록 노력하고, 주위 사람들과 더불어 살 수 있는 아들이 되어주렴.

나의 작은 소망에 조금도 부족함 없는 아들이라는 걸 너무 잘 알지만, 그래도 부탁하고 싶네. 내 삶이 고달프다 하여 너희에게 피해가 되지 않으리. 순간의 짧은 생각으로 화냈던 걸 돌아보니 부끄럽네. 사랑하는 내 자식 축하해.

— 세상에 단 하나뿐인 형동이 장모님

엄마가 한 자 한 자 정성스럽게 눌러쓴 편지 안에는 한 여인이 살아오며 겪은 삶의 애환, 그 속에서 얻은 지혜 그리고 자식에게 전하고픈 간절한 사랑이 담겨 있었다.

편지를 읽는 동안, 엄마의 목소리가 들리는 것 같았다. 엄마의 숨결이 글자 사이사이에 깊이 배어 있었다. 나를 바라보며 미소 짓던 엄마의 얼굴, 포근한 손길, 잔잔한 눈빛이 아련하게 떠올라

연신 눈물을 훔쳤다.

엄마의 편지에 신앙이 담긴 조언은 없지만, 신앙을 닮은 사랑이 있었다. 그 사랑은 내 가슴에 단단한 믿음과 따뜻한 울림으로 새겨졌다. 엄마가 건네준 삶의 지혜와 귀중한 격언들은 지금도 내 인생의 길잡이가 되고 있다.

나는 엄마에게 "예수님만 믿으면 이백 점"이라는 말을 자주 한다. 그만큼 엄마의 지혜롭고 겸손한 삶이 존경스럽다. 마치 엄마의 삶이 신앙의 한 페이지처럼 느껴진다.

이 편지를 평생 간직할 것이다. 그리고 언젠가 내 아이들에게, 사랑으로 눌러쓴 편지를 건네줄 것이다. 아마도 하나님을 사랑하는 어머니로서 자식에게 남겨줄 유언과 같은 편지일 것이다.

완전하신 하나님의 청사진

신혼 첫날 밤, 남편과 나는 호텔 바닥에 나란히 앉았다. 두 손을 맞잡고 인생의 새로운 장을 예배로 시작했다. 첫 가정예배는 짧고 서툴렀지만, 우리는 이 가정의 주인이 누구신지 분명히 선포했다. 은혜와 감동으로 가득했던 그 시간은 하나님이 디자인하신 우리 가정의 첫 스케치였다.

원가정의 상처를 안고 만난 두 사람이 어떻게 하나님이 디자인하신 가정의 모습을 담아낼 수 있었을까. 오직 주님의 은혜로 가능했다. 그분의 보이지 않는 손길이 우리 가정을 빚어가셨다.

처음부터 완벽한 가정은 없다. 우리도 처음에는 황무지와 같은 토양 위에 믿음의 씨앗을 심고, 눈물로 땅을 적시며 하나님의 약속을 붙들어야 했다.

우리 가정의 이야기는 영화처럼 화려하거나 드라마처럼 극적이지 않다. 그저 매일의 작은 순종과 선택이 모여 오늘이 되었다. 하나님이 디자인하신 가정은 세상이 말하는 가정의 모습과 본질적으로 다르다.

한번은 첫째 조이가 라디오에 출연했을 때, 진행자가 물었다.

"조이 군은 어떤 비전을 갖고 있나요?"

조이는 뚜렷한 미래를 정하지 못했음에도 망설임 없이 답했다.

"저는 하나님의 도화지가 되고 싶어요. 하나님이 제 인생을 마음껏 그리실 수 있도록요."

나는 크게 감동했다. 결혼도 마찬가지다. 우리는 종종 결혼을 내 뜻대로 설계하려 한다. 하지만 진정한 결혼 생활은 하나님이 주인 되어 가정을 빚어가시도록 내어드리는 것이다. 그분의 청사진이 가장 아름답기에, 부부는 깨끗한 도화지가 되어야 한다.

이런 하나님의 디자인을 따라 우리는 가정의 첫 출발을 예배로 시작했다. 결혼 예배는 단순한 의식이 아니었다. 우리 부부가 하나님나라의 증인으로 부름을 받은 소명 선언식이었다. 청첩장 표지에 새긴 "푸르른 내일"이란 말도 하나님께서 우리를 통해 이루고자 하시는 약속을 나타냈다. 우리는 시작부터 가정의 주인을 예수 그리스도로 모시고 출발했다.

우리 가정은 이십여 년간 가정예배를 드려왔다. 매일의 예배를 통해 가정의 주인이 우리가 아니라 예수 그리스도이심을 새롭게 고백하며 인정했다. 이는 세상 풍랑과 고된 자녀 양육 속에서도, 주님을 굳건히 붙들게 하는 닻이 되었다.

하나님이 디자인하신 가정의 중심에는 '부부'가 있다. 창세기에서 하나님은 먼저 부부를 세우시고, 그 위에 가정을 지으셨다. 부부는 '가정'이라는, 하나님이 디자인하신 건축물의 주춧돌이다. 그 기초가 견고할 때, 그 위에 세워지는 모든 것이 안정적으로 자리 잡을 수 있다.

부부의 사랑은 단순한 감정이 아니다. 하나님의 사랑을 이 땅에 나타내는, 어둠을 이기는 힘이다. 부부의 언약은 하나님과 교회의 관계를 보여주는 살아 있는 비유다. 남편은 그리스도께서 교회를 사랑하신 것처럼 아내를 사랑하고, 아내는 교회가 주께 순종하듯 남편을 존중하며 서로를 세워줄 때, 이 언약은 더욱 빛난다.

부부가 서로 헌신하고, 짐을 나눠 지며, 아픔을 보듬는 과정은 교회를 사랑하신 그리스도의 사랑을 세상에 증거하는 일이다. 그렇기에 부부의 언약은 단순한 계약이나 감정을 넘어선 거룩한 연합이다. 부부는 그리스도의 사랑을 반영하는 거울이며, 배우자는 하나님을 깊이 알아가게 하는 통로가 된다.

부부 관계에서 하나님의 사랑을 경험할 때, 원가정에서 받은 상처가 치유되고 새로운 가정 문화가 세워진다. 자녀는 부모의 말보다 부모의 관계를 통해 더 많은 것을 배운다. 부부가 서로 존중하고 사랑하는 모습은 자녀에게 하나님 사랑의 속성을 가장 강력하게 보여주는 살아 있는 교과서다.

하나님이 디자인하신 가정은 완성된 작품이 아니기에 계속 빚어진다. 토기장이이신 하나님은 가정에 당신의 형상을 새겨나가신다. 때로는 뜨거운 용광로에서 아픔을 겪게도 하시지만, 그 과정을 통해 부부의 연합은 더욱 단단하고 아름다워진다.

세월이 갈수록 깨닫는 것이 있다. 가정은 우리 소유가 아니라 하나님의 작품이며, 부부는 단지 그분의 손에 들린 붓에 불과하다는 것을. 그러므로 우리의 실패와 약함 속에서도 하나님은 당신의 완전한 계획을 이루어가신다.

우리는 우리가 하나님의 섬세한 계획 가운데 만났음을 안다. 하와이 열방대학에서의 첫 만남부터 결혼 예배 때 한 서약, 이십여 년간 드려온 가정예배와 치열한 믿음의 여정, 이 모든 과정에 하나님의 손길이 늘 함께했다.

기쁠 때만이 아니라 갈등과 어려움 속에서도 하나님을 신뢰하며 서로 사랑하고 섬길 때, 우리는 하나님의 디자인을 완성해 갈

수 있다. 이는 예수 그리스도가 주인 되시는 가정 안에서 그분의
은혜로 이루어진다.

이제는 안다. 우리의 만남은 운명이 아닌 소명이고, 결혼은 사
랑의 종착점이 아닌 하나님나라를 세워가는 시작점임을. 부부는
서로를 통해 하나님을 깊이 알아가고, 다음세대에 믿음의 유산
을 물려주며, 세상에 하나님의 사랑을 비추는 빛이 되어야 한다.

중독과 폭력 가정에서 자란 믿음의 1대

남편과 나의 원가정에는 알코올 중독과 폭력의 어두운 그림자
가 깊이 드리워져 있었다. 우리에게 '행복한 가정'은 신기루와 같
았다. 시아버지는 술만 드시면 폭력을 일삼았고, 내 아버지 역시
삶의 시름을 술로 달래며 밤새 가족을 괴롭혔다.

복숭아 향 진동하는 과수원을 가꾸며 살았던 시댁은 어린 형
동에게 천국이 아닌 지옥이었다. 체구가 작은 시어머니는 술 취한
남편의 폭력에 속수무책으로 쓰러졌고, 여섯 살 형동은 신음하는
엄마를 바라볼 수밖에 없었다. 동네 개들이 짖기 시작하면 비틀
거리며 걸어오는 아버지의 발걸음 소리에 심장이 쿵쾅거렸고, 매
일 밤 숨어 떨어야 했다.

겨울 추위에 복숭아나무가 얼어 죽던 날처럼 가정의 희망도 서
서히 시들어갔다. 평생 가족에게 고통만 주던 아버지가 돌아가시

자, 이번에는 형이 아버지처럼 굴기 시작했다. 그러다가 한때는 형동에게 큰 나무 그늘 같던 형도 술과 폭력의 굴레에서 벗어나지 못한 채 마흔에 스스로 생을 마감했다. 가난과 폭력, 알코올 중독의 폐해 속에서 자란 형동에게 '가정'이란 단어는 무겁고 아픈 상처였다.

우리 집도 '평화'라는 단어와는 거리가 멀었다. 직장에서는 성실하고 과묵한 아버지가 퇴근 후 술만 마시면 밤새도록 가슴속 응어리를 쏟아냈다. 아버지의 말 한마디, 한마디가 칼이 되어 가족을 찔렀고, 그런 날이면 가족들은 숨죽인 채 싸늘한 집안 분위기를 견뎌야 했다. 또 아버지가 남아선호 사상이 강해서 모든 혜택은 오빠 몫이었고, 나는 그늘에서 자라는 법을 배워야 했다.

그런 내게 예수님은 한 줄기 빛이었다. 그래서 배우자 기도 제목 1순위는 '믿음이 좋은 사람'이었고, 0순위는 '술잔을 입에도 대지 않는 사람'이었다. 그만큼 아버지의 술은 내게 깊은 상처였다.

우리는 믿음의 1세대로서 겪는 아픔과 고충을 나누다가 마음이 통했다. 교회가 유일한 피난처였던 남편과 암울한 가정환경에서 자란 내가 만나 한 가지 소망을 품었다. 바로 '믿음의 가정'을 이루는 거였다. 하지만 그 일은 메마른 땅에 씨앗을 뿌리는 것처럼 쉽지 않았다. 우리에겐 본받을 가정의 모습이 없었기 때문이었다.

우리는 예수님이 주인이신 가정을 경험하지 못했기에 믿음의 반석 위에 가정을 세우는 일부터 시작했다. 하나님의 질서대로 집안의 기둥을 세우고, 부모의 사명과 역할을 말씀 가운데 하나씩 익히는 과정은 마치 황무지를 개척하는 것과 같았다.

고독했지만, 본질을 추구하는 열정이 우리를 이끌었다. 혹시 무심코 보고 자란 상처의 흔적이 서로에게 묻어날까 봐, '행복한 부부, 좋은 부모'가 되기 위해 치열하게 몸부림쳤다. 그렇게 서로의 아픔을 보듬으며 나아갔다.

하나님은 지금도 우리의 쓰라린 과거를 치유하시고, 새 이야기를 써 내려가고 계신다. 마라의 쓴 물이 단물이 된 것처럼, 쓴 물같던 우리 삶도 십자가 은혜로 달게 되었다. 두 원가정의 어둠이 만나 더 깊은 절망에 빠질 수도 있었지만, 하나님은 희망의 빛을 비춰주셨다. 우리는 종종 이야기한다.

"우리가 이런 가정을 꿈이나 꿀 수 있었을까!"

완벽하지 않아도 괜찮다. 하나님만 의지하며 한 걸음씩 나아가면 된다. 믿음의 1세대로 살아간다는 건 외롭고 두려운 일이지만 그 길에 하나님의 은혜가 함께하시며 지켜주신다. 술과 폭력의 그늘에서 자란 우리가 써 내려가는 새로운 이야기가 같은 아픔을 겪고 있는 이들에게 소망이 되기를 기도한다. 그들에게 말해 주고 싶다.

"당신의 과거가 아무리 어두워도, 하나님은 그 어둠을 뚫고 새 생명을 피워내실 수 있습니다. 우리 가정이 그 증거입니다."

특별한 재판과 사랑의 판결

결혼 십팔 주년 기념일 아침, 우리 부부는 안방에 강제 격리되어 아이들의 신호를 기다렸다. 시간이 꽤 흘렀는데 문밖에서는 아이들의 소곤거림과 부산한 발소리만 들려왔다. 해를 거듭할수록 이 시간을 더 기대하게 된다.

드디어 방문이 열렸다. 눈앞에 펼쳐진 광경은 상상을 초월했다. 거실이 작은 법정으로 바뀌어 있었다. 남편과 나는 웃음을 참지 못한 채 법정 한가운데로 연행(?)되었다.

첫째 조이가 검사로서 엄중한 표정을 짓고 서 있고, 둘째 온유는 판사로서 익살스러운 표정으로 자신이 만든 법전을 펼쳐놓고 있고, 셋째 사랑이는 형사로서 위엄있는 자세로 자리를 지켰으며, 넷째 시온이는 증인석에서 눈을 반짝이고 있었다.

온유 판사가 우리 부부를 바라보며 말했다.

"2022년 3월 1일, 두 피고인에 대한 재판을 시작하겠습니다. 두 피고인은 사회에 악영향을 미친 흉악 범죄자로 이 자리에 섰습니다."

온유 판사가 죄명을 하나씩 선포할 때마다 조이 검사가 증거

자료를 제출하며 죄질이 나쁘다는 말을 보탰다. 우리는 박장대소할 수밖에 없었다. 어디서 찾았는지, 죄명에 딱 맞는 사진이 증거로 끝없이 제시되었다.

- 십팔 년 동안 싸우지 않은 죄
- 항상 같이 있는 죄
- 자녀들 앞에서 대놓고 뽀뽀한 죄
- 오글거리는 말로 자식들 피부를 닭 껍질로 만든 죄
- 한국에서 불법인 콩깍지를 눈에 넣어 사용한 죄
- 사람을 선물로 준 죄 (남편 생일에 나를 포장해서 선물했다)
- 돈이 없음에도 행복한 죄
- 향정신성 약품인 '기름기 넘치는 사랑'을 복용한 죄
- 이십 년 전 만나 결혼 십오 주년을 넘긴 죄
- 돈도 없으면서 애를 넷이나 낳은 죄
- 보편적으로 사용하는 '여보'를 쓰지 않고 금지어인 '하니', '자기야'라는 애칭을 사용한 죄

온유 판사가 말을 이었다.

"죄가 너무 많아 이 자리에서 모두 언급할 수조차 없습니다. 검사님, 증거 자료 998번 제출해 주세요. 아, 87, 891번 자료도 함께 보겠습니다."

조이 검사가 보여준 사진에는 우리 부부의 닭살 행각이 고스란히 드러나 있었다. 아이들 눈빛에는 장난기와 우리를 향한 사랑이 가득했다. 나는 어떤 판결이 내려질지 궁금해하며 행복한 마음으로 판사를 바라보았다.

마침내 온유 판사가 작은 망치를 들고 말했다.

"두 부부에게 많은 민원이 들어왔기에 무기징역을 선고할 수밖에 없습니다. 최종 선고하겠습니다. 피고인 이형동과 백은실은 사회에 심각한 영향을 끼친바, 주님 오시는 그날까지 '결혼형'에 처한다!"

판사의 선고가 떨어지자마자, 남편은 두 손을 들고 "아멘"으로 화답했다. 선고와 함께 형사로 변신한 셋째 사랑이가 마치 영화 속 한 장면처럼 능숙한 손놀림으로 예쁜 비즈로 만든 수갑을 우리에게 채웠다.

"이 수갑은 절대 풀 수 없어요. 종일 차고 다니셔야 해요. 평생 함께해야 하니까요!"

그 순간, 우리는 더할 나위 없이 완벽한 사랑의 판결을 받은 부부가 되었다. 이 특별한 재판은 가장 아름다운 결혼기념일 선물로 손꼽힌다.

아이들과 축하 파티를 한 후, 가장 아름다운 순서인 가정예배로 이날의 축제는 절정에 이르렀다. 온유가 결혼 기념 감사 예배를 인도했고, 대미를 장식한 아이들의 축복의 말씀 암송이 우리 영혼을 촉촉하게 적셔주었다. 우리 부부를 가운데 앉히고 사 남매가 손을 얹어 기도해 주었다. 아이들의 따스한 손길과 진심 어린 기도에 눈물이 뺨을 타고 흘렀다.

"이 세상에서 가장 행복한 부부, 선한 영향력을 드러내는 부부로 사용해 주세요."

아이들의 기도가 다시 한번 심장에 새겨졌다. 모든 상처가 이슬에 씻겨 사라지는 먼지처럼 떨어져 나갔다. 아이들이 정성껏 써 내려간 편지와 웃음꽃 만발한 축하 파티는 어느 해보다 특별한 선물이었다.

한때는 상상조차 할 수 없던 이 행복이 이제는 숨 쉬듯 자연스러운 일상이 되었다. 하지만 여기까지 오는 길이 따뜻했던 것만은 아니다.

원가정의 상처와 아픔이 매서운 겨울바람처럼 우리를 휘감던 시절, '행복한 가정'이란 마치 안개 속 숨은 별빛 같았다. 메마른 가슴으로 행복을 갈망하던 우리에게, 하나님께서는 갈라진 틈 사이로 은혜의 빛이 스며들게 하셨다. 그 빛은 네 개의 샘물이 되어 우리 부부에게 마르지 않는 축복이 되었다.

결혼 후 남편과 스물한 번의 봄을 맞이했다. 그 어떤 것보다 우리 가정을 믿음의 정원으로, 예배의 향이 피어오르는 성소로 세워주심에 감사드린다.

시간이 흘러 백발이 성성해도, 우리 사랑은 푸르고 싱그러울 것이다. 아이들이 하나둘 독립해도, 우리 집은 그들이 언제든 돌아올 수 있는 따스한 둥지로 남을 것이다.

하나님께서는 '예수 그리스도가 주인이신 가정'을 디자인하셨다. 우리 부부의 이야기가 끝나는 지점이 당신의 여정이 시작되는 출발점이 되기를 소망한다.

2부

사랑으로
짓고

존중으로
세우다

1장
아내를 위한 사랑의 열쇠

아내는 남편의 사랑을 먹고 산다

결혼과 동시에 우리는 부모가 되었다. 허니문 베이비, 갑작스럽게 찾아온 선물이었다. 신혼의 달콤함과 부부로서 서로를 알아갈 틈도 없이, 태중에 있는 작은 아이는 내게 '아빠'라는 이름을 안겨 주었다.

나는 그 이름이 참 무겁게 느껴졌지만, 애써 마음을 숨기고 아내에게 말했다.

"자기야, 힘내요. 우리 아이는 하나님께서 책임져 주실 거예요."

당시 나는 교직의 부푼 꿈을 안고 갓 교육대학원에 입학한 학생이었다. 아직 가정을 책임질 경제력도 부족했고, 남편으로서도, 아빠로서도 무엇을 해야 할지 몰랐다. 할 수 있는 일이라곤 임신한 아내의 출근길을 함께하는 것뿐이었다.

지하철에서 헤어질 때면 나는 아내의 귓전에 속삭였다.

"오늘도 행복한 하루 보내요. 사랑해요."

처음에는 아내가 미소로 답해줄 거로 기대했다. 하지만 대부분 "응"이라는 짧은 대답만 돌아왔고, 때로는 아무 말 없이 빠르게 사라지는 뒷모습만 볼 수 있었다. 마음이 불편했다.

'내 말이 듣기 싫은가? 내가 잘못 한 게 있나?'

온갖 생각이 꼬리를 물었다. 임신 초기라서 아내가 예민해진 것은 당연했다. 호르몬 변화에 따른 컨디션 난조, 갑작스럽게 떠맡게 된 '엄마'라는 이름까지… 내가 상상할 수 없는 무게를 아내는 홀로 짊어지고 있었다.

그런 아내에게 해줄 수 있는 게 아무것도 없었다. 직장까지 함께 전철을 타고 동행해 주는 것이 아내를 위한 나의 일상이었고, 아내 귀에 사랑을 고백하는 것이 내가 줄 수 있는 사랑 표현의 전부였다. 배 속에서 자라고 있는 아이처럼, 내 사랑도 꾸준히 표현해야 자랄 거라고 믿었다.

아내의 차가운 반응은 임신으로 인한 일시적인 것일 뿐, 마음 깊은 곳에는 여전히 따뜻함이 있다는 걸 알고 있었다. 하지만 학교 공부보다 아내의 마음공부가 더 어려웠다.

반응하지 않는 사람에게 계속 사랑한다고 말하는 건 쉽지 않았다. 그럼에도 나는 아내를 사랑했고, 그 사랑을 멈출 이유가 없었다. 그러자 아내도 나의 고백에 조금씩 반응해 주었다.

이십여 년이 지난 지금도 나는 아내에게 사랑한다는 말을 자주 건넨다. 오히려 이 말의 중요성은 더욱 커졌다. 아이들이 우리에게 종종 하는 말이 있다.

"아빠, 엄마는 칠십 대 삼십이에요."

내가 아내를 사랑하는 비율이 칠십 퍼센트, 아내가 나를 사랑하는 비율이 삼십 퍼센트라는 뜻이다. 아이들 눈에는 내가 아내를 훨씬 더 사랑하는 것처럼 보이나 보다. 웃으며 넘기지만, 나는 아내가 나를 얼마나 사랑하는지 안다. 그러니 나도 아내를 더 사랑할 수밖에 없다.

나는 아내가 지방 강의를 다녀올 때면 새벽이든 늦은 밤이든 역으로 마중 나간다. "자기야, 고생했어요"라는 한마디와 함께. 장거리 운전을 할 때도 아내가 피곤하고 힘들까 봐 운전대를 절대 넘기지 않는다. 추운 겨울에는 먼저 나가서 차를 데워놓기도 한다.

사실 나는 이성적이고 합리를 따지는 사람이다. 그러나 아내에게만은 계산하지 않게 된다. 때로는 대중교통을 이용하는 것이 훨씬 효율적인데도, 꼭 태워다 준다. 단지 아내가 덜 힘들고 편안했으면 하는 마음뿐이다. 아이들이 이런 모습을 보고 "아빠는 엄마를 진짜 사랑하는 것 같아요"라고 말할 때면 괜히 뿌듯하다.

왜 이렇게까지 하는지 의아할 수 있다. 아내가 행복해야 가정이 행복하다는 단순한 진리를 알기 때문이다. 더 중요한 이유는, 아내가 남편의 사랑을 먹고 산다는 것을 알기 때문이다.

아내가 사랑받는다고 느낄 때, 그 사랑이 다시 나와 아이들에게 넘쳐흐른다는 것을 경험으로 알게 되었다. 후에 아내가 내게 해준 고백이 떠오른다.

"스윗한 남편의 사랑한다는 말이 하루를 버티게 하는 힘이었어요."

때로는 사랑 표현에 기대한 만큼 즉각적인 반응이 오지 않더라도 꾸준히 표현하는 것이 중요하다. 진심은 언젠가 상대의 마음에 닿는다.

남편으로서 내가 배운 가장 큰 교훈은 '아내에게 사랑한다는 말을 아끼지 말라'는 것이다. 이것이 우리 부부의 이십일 년을 지탱한, 소박하지만 가장 본질적인 힘이다.

이십 년 살아봐

누군가 말했다. '사람은 늙어가는 것이 아니라 익어가는 것'이라고. 어디 사람뿐이겠는가. 사랑도 그렇다. 시간이 갈수록 사랑은 소멸하는 게 아니라 스며드는 것이다.

흔히 사랑하는 사람을 만나 결혼하고 아이를 낳고 사는 동안에 서로에게 처음 느꼈던 사랑의 감정을 어느 순간 느끼지 못하곤 한다. 어떻게든 회복하려 하지만 쉽지 않다.

사랑의 유통기한이 다 된 것일까? 아니다. 사랑이 식거나 사라진 게 아니라 스며든 것이다. 서로가 함께한 시간과 추억 속에, 사랑의 결실로 낳은 자녀에게, 서로의 언어와 습관 속에 스며든다. 사랑의 유통기한이 끝난 게 아니라 새로운 모양으로 서로를 사랑할 수 있는, 아름다운 관계를 이어주는 줄이 된 것이다. 부부는 하나님의 언약에서 비롯된 신뢰 관계이며, 이렇게 이어진 관계의 줄은 다양한 모양으로 서로 엮이게 된다.

나 역시 처음 아내를 보며 느꼈던 사랑의 형태보다 더 깊고 완전한 형태로 아내를 사랑하고 있다고 당당하게 말할 수 있다.

결혼한 지 십 년쯤 되었을 때, 막 결혼한 지인에게 물었다.

"결혼하니 좋아?"

예상대로, 혼자 살다가 결혼하니 행복하다고 했다. 서로에 대한 사랑의 온기를 유지하고 있는 그 커플은 내 눈에도 행복해 보였다. 내가 한마디 해주었다.

"한 십 년 살아봐."

아마 지인은 이렇게 이해했을 것이다.

"지금은 좋지? 십 년 정도 살면 좋은 시절 다 갔다고 느낄 거야."

하지만 나는 곧장 덧붙였다.

"더 좋아!"

갓 결혼한 부부를 만나면 종종 같은 질문을 던진다. 돌아오는 답변은 한결같다. 그러면 내가 건네는 말도 동일하다. 결혼한 지 이십일 년이 된 지금도 내 대답은 변함이 없다.

"이십 년은 살아 봐, 더 좋아!"

물론 십 년, 이십 년이 지나도록 처음 사랑의 감정을 유지하는 건 쉽지 않다. C. S. 루이스는 《순전한 기독교》에서 결혼 생활에서 감정의 지속성에 관해 흥미로운 말을 했다.

옛날이야기들은 흔히 "그 후로 그들은 영원히 행복하게 살았습니다"라는 말로 끝나곤 하는데, 만약 이 말이 "오십 년이 지나도록 결혼하기 전과 똑같은 감정을 느꼈다"라는 뜻이라면 그것은 있을 수 없는 일일 뿐 아니라, 설령 정말 그럴 수 있다 해도 전혀 바람직한 일이 못 됩니다. 오십 년 동안이나 그런 흥분 상태를 견딜 수 있는 사람이 누가 있겠습니까!

루이스는 자기 경험이나 주위에 결혼한 커플을 보면서 보편적 관점에서 이 글을 썼을 것이다. 그의 말처럼 감정의 유효기간이 끝나도 사랑했을 때 맺었던 약속(언약)의 유통기한은 끝나지 않는다. 이는 감정이 부부 사랑의 전부가 아닌 일부이며, 약속을 지키는 것이 사랑의 또 다른 모습이기 때문이다.

하지만 루이스의 말과 달리 배우자와 수십 년 함께 살면서 여전히 식지 않는 사랑의 감정을 느끼는 사람이 있는 것도 사실이다. 성경에서 변함없는 사랑의 힘을 보여주었던 야곱은 라헬을 사랑한 까닭에 칠 년을 수일같이 여겼다. 이는 사랑의 지속성에 희망을 주는 대목이다.

'더 좋은' 부부 생활은 상대의 어떠함이 아니라 '내가 얼마나 사랑하기로 했는가'로 결정된다. 상대가 사랑스러워서, 사랑할 만해서 사랑하기도 하지만, 더 성숙한 사랑은 사랑하기로 마음먹었기에 사랑하는 것이다. 그러니 사랑할 조건을 따지기보다 먼저 사랑할 마음을 가져야 한다.

부부로 살면 살수록 "더 좋다"라는 말에는 사랑의 감정을 포함해 서로를 알고 배우는 과정에서 서로가 추구하는 다양한 가치가 포함된다. 상대의 가치를 발견하며 인정할 때, 비로소 진정한 사랑에 다가갈 수 있다. 사랑의 조건이 상대방에서 내게로 옮겨질 때, 부부의 사랑은 성숙해진다.

나는 여전히 아내가 사랑스럽다. 설레는 마음으로 그녀를 바라본다. 신혼 때의 뜨거운 감정보다는 좀 더 성숙하고 성장한 사랑이다. 그녀는 거울을 볼 때마다 예전 같지 않다는 말을 자주 한다. 그러면 나는 조용히 다가가 그녀의 볼을 부드럽게 쓰다듬어 준다.

사랑의 조건은 아내에게 있는 게 아니라 하나님 앞에서 사랑하기로 다짐한 내 안에 있다. 이 다짐을 하나님의 언약 안에서 여전히 지켜갈 수 있음에 감사한다.

가르치지 말고 공감하기

많은 남편이 아내에게 정답을 제시하려 한다. 이는 자신이 모든 문제를 해결해야 한다는 강박 반응이다. 하지만 아내는 결코 답을 듣기 위해 남편과 대화하지 않는다. 아내와 대화할 때는 그저 공감해 주면 된다. 그러면 호수처럼 잔잔한 평안함이 있다.

게다가 남편들은 자신이 제안한 반짝이는 해결책에 아내가 고마움을 표현해 주길 기대한다. 하지만 돌아오는 건 싸늘한 표정이다. 물론 남편의 문제 해결 욕구를 공감으로 바꾸는 건 쉽지 않다. 하지만 자기만의 방식을 고수하면 큰 문제가 생길 수 있다.

신혼 초 강릉시립 교향악단 단원이던 나는 오 년 정도 아내와 주말 부부로 살았다. 주말이면 서울로 올라온 내게 아내는 그간 있었던 일을 한 보따리 풀어놓았다. 내가 없는 동안 일어난 일상을 어찌나 재미있게 이야기하는지, 그 이야기에 푹 빠져 헤어 나오기 싫을 정도였다. 마치 드라마를 몰아보는 기분이었다. 그렇게 시작된 대화는 자정을 넘어서야 끝났다. 우리는 대화가 끝나기도 전에 잠들기도 했다.

그런데 하루는, 여느 때와 다른 대화가 이어졌다. 늘 밝던 아내 얼굴에 표정이 없고 짙은 그림자가 드리워져 있었다. 나는 아내와 침대에 나란히 누워 대화를 이어갔다. 아내는 그동안 눌러두었던 마음과 홀로 감당했던 정신적 어려움을 조심스레 꺼냈다.

당시 아내는 셋째 사랑이를 낳고 얼마 되지 않아 제대로 몸조리도 못 한 채 이사를 해야 했다. 집 계약기간과 출산이 겹쳐 집주인에게 한 달 정도 여유를 달라고 했지만, 거절당하고 쫓겨나듯 이사하면서 아내에게 산후 우울증이 온 거였다.

나는 아무것도 몰랐고, 무방비 상태였다. 항상 밝은 아내에게 찾아온 약간의 어려움 정도로 생각하고 대안을 말해 주고 싶었다. 만일 그때 아내 마음에 공감하며 듣기만 했어도 그녀의 마음이 풀어졌을 것이다. 그러나 내가 본성을 거스르지 못하고 한마디 한 것이 화근이 되었다.

"자기야, 힘든 일이 있을 때는 기도해요."

이 말이 폭탄이 될 줄 전혀 예측하지 못했다.

"누가 모르냐고! 그냥, 내 말 좀 들어주면 안 돼!"

울음 섞인 아내의 말을 듣는 순간, 문제가 엉켜버린 느낌이 들었다. 좀처럼 목소리를 높이지 않던 아내의 절규가 내게 강한 울림을 주었다. 아내에게 필요한 건 옳은 말이 아닌 '경청'이었다. 아내의 말에 귀 기울이기만 해도 문제가 대부분 해결된다는 간단한 원리를 깨닫지 못해 갈등 상황이 벌어진 게 한두 번이 아니었다.

가족 치료 전문가인 에머슨 에거리치는 "남자는 존경을, 여자는 사랑을 원한다"라고 말했다. 이 두 가지가 존중이라는 통로로 연결되며 조건 없이 이루어질 때, 관계의 질은 극대화된다. 아내가 사랑을 느끼는 지점은 자신의 고민을 들어주고 공감해 줄 때였다. 그런 아내에게 내 방식대로 문제를 해결해 주려는 내 '전능자 콤플렉스'가 화를 키웠다.

긴 침묵이 흘렀다. 나는 마음을 가다듬고 아내의 손을 꼭 잡았다. 그동안 혼자 힘들었을 마음이 고스란히 전해졌다. 정말 미안했다. 아내의 마음을 헤아리지 못해 미안했고, 정신적 어려움에 허우적거리는 그녀의 손을 잡아주지 못해 미안했다.

겨우 상황을 추스르고 아내에게 말을 건넸다.

"정말 미안해요."

아내는 말없이 눈물만 흘렸다.

큰 대가를 치르고서 귀중한 교훈을 얻었다. 배우자의 말에 들리는 대로 반응하지 않고, 말속 의미에 반응할 때 변화가 시작된다. 상대가 무엇을 원하는지 말에 담긴 의도를 헤아리는 건 평안한 가정을 이루기 위한 핵심 자세다. 아내에게 필요한 건 '해결'이 아닌 마음의 짐을 함께 나누어 질 '남편'임을 잊지 말자.

사랑을 가꾸는 애칭

우리는 아직 서로를 "여보"라고 부르길 어색해한다. 신혼 때 부르던 대로 "자기" 혹은 "하니"와 같은 호칭이 익숙하다. "누구 엄마", "누구 아빠"라고도 부르지 않는다. 부모라는 역할보다 남편과 아내로서의 정체성이 더 중요하기 때문이다. 부부는 피보다 진한 언약으로 맺어진 사이다. 하나님의 뜻 안에서 한 몸을 이루어 함께 걸어가는 관계다. 우선순위에서 두 사람보다 앞선 대상은 하나님 한 분밖에 없다.

주변을 보면, 배우자의 애칭을 스마트폰에 저장하는 방식이 참 다양하다. 배우자의 이름 석 자만 덩그러니 저장하기도 하고, 듣기만 해도 미소 짓게 되는 특별한 애칭으로 서로를 기억하기도 한다. 배우자를 휴대전화에 담아두는 방식은 부부의 친밀함을 보여주는, 작지만 의미 있는 표현이다.

우리도 여느 부부처럼 신혼 초부터 "내 멋진 서방님"과 "내 이쁜 (마)누라님"으로 저장해 놓았다. 이는 지금까지도 변함없는 서로의 마음을 확인하기에 충분한 애칭이다.

이 특별한 애칭은 매일의 대화에도 자연스럽게 이어진다. 나는 휴대전화에 저장된 애칭을 줄여, 아내를 "이쁜아"라고 부른다. 이런 애칭이 부부간 유대감을 형성하고 사랑의 온도를 높이는 데 한몫한다. 애정이 담겨 있기 때문이다.

아내는 평소 화장하거나 꾸미지 않지만, 나의 애칭은 변함없다. 소통 전문가인 김창옥 씨도 행복한 부부는 남편이 아내에게 '이쁜아'와 같은 애칭을 사용한다고 했다. 이미 그렇게 하고 있는 나는 그 말에 적극 공감했다.

애칭이 '관계의 정체성'을 형성하는 데 중요한 역할을 한다는 연구 결과도 있다. 서로를 향한 다정한 소통방식이 서로를 놓지 않는다는 좋은 신호로 느껴지기 때문이다. 단, 아무리 좋은 의미가 담긴 애칭이어도 배우자의 동의 없이 무조건 사용하면 역효과가 날 수 있기에 서로 합의가 필요할 때도 있다.

다행히 아내는 내가 부르는 애칭을 좋아한다. 아이들 앞에서 "이쁜아" 하고 부르면, 막내 시온이가 "아빠, 저 부르셨어요?"라며 아내와 나 사이를 비집고 들어온다. 그러고는 천연덕스럽게 그 애칭을 제 것으로 가져간다. 그래서 아내를 그냥 '이쁜이', 큰딸을 '큰 이쁜이', 작은딸을 '작은 이쁜이'로 부르기로 했다.

아이들도 애칭을 통해 사랑을 표현하는 아빠의 마음을 안다. 엄마를 부르는 애칭이 애정을 담은 다정한 호칭임을 안다. 아빠가 아이들에게 줄 수 있는 최고의 선물은 변함없이 엄마를 사랑하는 모습이다. 어쩌면 아이들은 엄마, 아빠가 서로 사랑하는 모습을 보고 자라며 이 사랑을 체득하고 있지 않을까! 그래서 훗날 가정을 이룰 때, 서로를 향한 사랑의 언어를 적극적으로 실천하는 문화를 자연스럽게 만들어가지 않을까!

애칭은 남편이 아내를 향한 사랑을 꾸준히 유지할 수 있는 좋은 방법이다. 물론 아내가 미울 때는 "이쁜아"라고 부르기 어렵다. 말은 현실을 담아내기 때문이다. 하지만 일시적인 감정과 상황에 흔들리지 않고 사랑을 담아 부르면, 아내를 향한 사랑이 증폭되는 걸 경험한다. 아내는 언제나 남편과 아이들을 위해 자신을 녹여내고 삶을 통해 하나님의 이야기를 담아낸다. 그러니 아내는 내게 언제나 '예쁨' 그 자체다.

아내의 휴가

사람이 항상 충만하고 일 년 내내 기분 좋을 수 있을까? 불가능하다. 사람은 다양한 정서와 감정이 있다. 이는 삶의 윤활유가 되기도 하지만, 관리를 소홀히 하면 쉽게 방전된다.

아내도 가끔 방전된 에너지를 충전해야 했다. 그녀는 참 많은 일을 감당했다. 그녀의 손이 가지 않는 곳이 없었다. 네 아이를 홈스쿨링 하면서 신앙교육과 학습에 필요한 수많은 자료를 직접 만들었고, 삼시세끼를 빼놓지 않고 챙긴 데다가 설거지, 빨래 등 집안일까지 도맡아 하느라 눈코 뜰 새 없이 바빴다. 아이들의 성장을 돕기 위해 끊임없이 노력하는 아내에게도 영적, 정서적 돌봄과 쉼이 필요했다.

부부는 때로 서로에게 적당한 공간을 마련해 주어야 한다. 사랑하는 사람의 삶이 공명하도록 틈을 만들어 주어야 한다. 악기는 공간을 통해 아름다운 울림을 만든다. 몸통에 붙어 있는 줄은 둔탁한 소리만 낼 뿐이다.

삶이 지치고 일상이 힘에 부칠 때, 틈을 만들어 주면 다시 살아갈 에너지를 얻을 수 있다. 나는 정신적으로 지쳐가는 아내에게 특별 휴가를 마련해 주었다. 꽉 찬 아내의 삶에 작은 틈을 만들어 주었다. 오롯이 아내 혼자 누릴 수 있는 회복의 시간을.

경제적으로 여유롭지 못하던 터라 통장에 있는 돈 이십 만 원을 아내에게 건네며 아이들 신경 쓰지 말고, 돈 아끼지 말고 행복한 하루를 보내고 오라고 했다. 그리고 나는 아내 대신 종일 아이들을 돌보았다. 평소 잠깐씩 놀아주거나 자기 전에 책 읽어주는 건 어렵지 않은데, 종일 아이들과 함께하자니 체력적으로나 정신적으로 금방 지쳤다.

'이렇게 힘든 시간을 아내는 매일 감당했구나.'

아내는 하나님께서 주신 사명과 사랑을 깨닫고, 광고 디자이너의 삶을 포기했다. 늘 묵묵히 말씀과 기도로 자녀를 양육하는 엄마의 자리를 지켜준 아내에게 정말 고마웠다.

그날 나는 아이들과 좌충우돌하는 하루를 보냈다. 힘들었지만, 당연히 감당해야 할 내 몫이었다. 아내는 하루를 자유롭게 보내고 돌아왔다. 혼자 카페도 가고, 영화도 보고, 한옥마을도 거닐며 그동안 누리지 못했던 사색과 여유를 만끽했다고 했다. 하지만 쥐여주었던 돈은 대부분 도로 가져왔다.

아내가 내게 말했다.

"자기가 없어서 별로 재미없었어요."

이 한마디에 종일 아이들과 씨름하며 쌓인 스트레스가 싹 풀렸다. 그날 밤, 아내는 하루 일을 한 보따리 풀어놓았다.

아내는 이런 휴가를 주기적으로 가졌다. 그다음 휴가 때는 한 동안 만나지 못한 지인들을 만나, 마치 밀린 빨래를 한꺼번에 하듯 오랫동안 밀렸던 이야기를 사랑하는 사람들과 종일 나누고 돌아왔다(아내는 아무리 가까운 지인에게도 내 흠이나 서운한 점을 쉽게 말하지 않는다. 내가 없는 자리에서도 나에 대한 존중을 잃지 않으려 노력하는 아내가 고맙다). 그리고 그날 밤, 또다시 하루 일을 요약해서 이야기보따리를 풀어놓았다. 우리는 이전보다 친밀한 대화로 서로에게 몰입했다. 잠깐의 환기가 아내의 지친 몸과 마음을 정상궤도로 돌아오게 했다.

바쁜 일상에 틈을 만들면, 새롭게 충전하고 다시 앞으로 나아갈 에너지를 얻는다. 단 하루라도 혼자만의 시간을 가질 수 있도록 배려하면, 아내는 정서적 충만함을 경험한다.

길을 가다 문득 보도블록 틈을 비집고 피어난 작은 꽃을 본 적이 있다. 작디작은 꽃 한 송이에서 생명력을 느꼈다. 곳곳에 피어난 그 작은 생명이 삭막한 도시를 생기로 물들였다. 아내의 고단한 삶에 이런 작은 틈을 내어준다면, 시들한 그녀의 일상이 생기로 채워질 것이다.

수고하고 무거운 짐 진 자들아 다 내게로 오라 내가 너희를 쉬게 하리라
마 11:28

2장
남편을 향한 존중의 비결

아내의 말이 남편을 만든다

지혜로운 여인은 자기 집을 세우되 미련한 여인은 자기 손으로 그것을 허느니라 잠 14:1

아내의 말 한마디가 남편을 살리기도 하고, 무너뜨리기도 한다. 위 말씀처럼 가정을 세우는 일은 매일의 선택과 결정으로 이루어진다.

특히 아내의 말과 태도는 남편과의 관계, 나아가 가정의 분위기를 좌우하는 강력한 힘이 있다. 지혜로운 선택은 가정을 세우고, 미련한 선택은 가정을 허문다. 이것이 내가 아내로서 매일 직면하는 도전이자 책임이다.

나는 결혼을 결심한 순간부터 한 가지 원칙을 세웠다. 남편의 허물이나 흠을 절대 친정에 이야기하지 말 것(이건 지금도 남편이 가장 고마워하는 부분이다)! 그래서 살아가며 겪는 수많은 어려움을 육신의 부모가 아닌 하늘 아버지께 털어놓으며 견뎠다. 물론 그 침묵의 시간이 쉽지는 않았다.

결혼 초, 우리 부부는 경제적으로 매우 어려웠다. 결혼 준비부터 모든 과정이 녹록지 않아서 힘든 순간마다 부모님에게 속마음을 털어놓고 도움을 청하고 싶었지만, 그러지 않았다. 이유는 분명했다. 수많은 장점을 가진 남편이 단지 경제적 어려움 때문에 '우리 딸을 고생시키는 사위'로 낙인찍힐 게 뻔했다. 처음부터 그런 인상을 주면, 남편이 아무리 노력해도 그 편견이 따라다닐 것이고, 우리 가정에 안 좋은 영향을 미칠 게 자명했다.

어릴 적 나는 아버지와 친밀한 관계를 맺지 못했다. 말수가 적은 아버지에게서 생각이나 감정을 직접 듣는 일이 거의 없었다. 아버지는 술의 힘을 빌려 말하거나 어머니를 통해 의견을 전달했다. 그러다 보니, 자연스럽게 어머니의 감정을 통해 아버지의 뜻을 해석하며 자랐다. 이런 경험은 내게 깊은 교훈을 주었다.

프랑스의 신경 정신의학자 보리스 시릴리크는 "아버지란 존재는 어머니의 입을 통해 말해진다"라고 했다. 어머니가 남편을 어떻게 바라보고 표현하느냐에 따라 자녀의 아버지상이 형성된다는 것이다. 어머니가 남편을 존중하고 신뢰하면 자녀도 자연스레 그렇게 되지만, 남편을 무시하거나 불신하면 자녀에게도 아버지를 향한 부정적 감정이 자라난다는 거다. 이처럼 자녀는 자기 경험보다 어머니의 감정을 통해 아버지를 해석한다.

이는 단순히 부모-자녀 관계에만 국한되지 않는다. 아내의 말에 따라 남편이 달라질 수 있다. 아내가 남편을 유능하고 책임감 있는 사람으로 바라보고 말로써 표현하면, 남편은 무의식적으로 그 기대에 부응하려 노력하게 된다.

> 무릇 더러운 말은 너희 입 밖에도 내지 말고 오직 덕을 세우는 데 소용되는 대로 선한 말을 하여 듣는 자들에게 은혜를 끼치게 하라 엡 4:29

성경도 '말'이 단순한 소리의 진동이 아니라 다른 사람을 세우는 힘을 가진 도구임을 말씀한다.

나는 우리 아이들이 남편을 있는 그대로 경험하기를 바랐다. 내 감정을 덧씌운 모습이 아니라, 그의 진정한 모습을 보게 하고 싶었다. 그래서 의식적으로 아이들 앞에서 남편과 내가 서로를 존중하는 모습을 보여주려 노력했고, 남편을 깎아내리는 말보다는 세워주는 말을 하려 애썼다. 그 결과 아이들은 아빠를 존경했고, 남편 역시 가정에 더욱 헌신하는 아버지가 되어갔다.

'자녀 앞에서 남편에 대해 어떻게 말하느냐'는 단순한 대화 이상의 의미가 있다. 그 말이 자녀 안에 아버지상을 형성할 뿐 아니라, 남편 자신의 자아상과 행동에도 영향을 미치기 때문이다. 부부는 한 몸이기에 남편의 허물을 드러내는 건 곧 내 허물을 드러내는 것이며, 그를 깎아내리는 건 나를 깎아내리는 일이 된다.

아내의 말은 가정을 세우는 중요한 도구다. 그래서 나는 어떤 어려움 속에서도 남편의 부족함을 가족에게조차 이야기하지 않고, 오히려 그의 강점을 부각하려 노력했다.

특히 남편이 없는 자리에서 하는 말이 중요하다. 친정 부모님이나 가족들에게 그에 대해 이야기할 때, 나는 의식적으로 좋은 점을 강조했다. 물론 남편과 힘든 일이 있을 때 믿을 수 있는 친구에게는 속마음을 털어놓는 것도 필요했지만, 그것이 남편에 대한 불평이나 비난이 되지 않도록 주의했다.

남편이 실수했거나 어려운 상황에 부닥쳤을 때도, 나는 그를 변호하고 지지하는 입장을 고수했다. 이는 단순히 남편의 자존심을 지켜주기 위한 행동이 아니었다. 친정 부모님이 남편을 대하는 방식과 우리 가정을 향한 친구들의 인식은 모두 내 말과 태도에서 비롯되기에 함부로 말할 수 없었다. 내가 밖에서 한 말이 고스란히 돌아와 가정의 분위기를 형성했다.

복음의 관점으로 배우자를 바라보면, 상대의 부족함보다 그 안에 담긴 사랑과 헌신을 발견할 수 있다.

그러므로 그리스도 안에 무슨 권면이나 사랑의 무슨 위로나 성령의 무슨 교제나 긍휼이나 자비가 있거든 마음을 같이하여 같은 사랑을 가지고 뜻을 합하며 한마음을 품어 아무 일에든지 다툼이나 허영으로 하지 말고 오직 겸손한 마음으로 각각 자기보다 남을 낫게 여기고 각각 자기 일을 돌볼 뿐더러 또한 각각 다른 사람들의 일을 돌보아 나의 기쁨을 충만하게 하라
빌 2:1-4

지혜로운 여인이 자기 집을 세우는 비결이 바로 이것이다. 겸손한 마음으로 상대를 나보다 낮게 여기고 돌보며 한마음을 품을 때, 부부가 연합하고 가정이 견고해진다. 격려하고 칭찬하는 말 한마디가 모여 남편을 세우고, 가정에 놀라운 변화를 일으킨다. 이것이 하나님이 디자인하신 아름다운 모습으로 가정을 빚어가는 지름길이다.

한숨이 아닌 한걸음

살다 보면, 통제할 수 없는 상황이 벌어지곤 한다. 결혼 생활에서는 더욱 그렇다. 나는 그 가운데 '불평과 한탄이 환경과 상황을 바꾸지 못한다'라는 진리를 배웠다. 불평은 메아리처럼 허공을 맴돌 뿐이다. 정확히는 내게로 돌아온다.

가정 형편과 여러 상황으로 모든 것이 늦었던 남편은 참 많은 터널을 지나왔다. 단순 아르바이트부터 목회를 하기까지 상상하

지 못할 다양한 일을 했다.

결혼 후, 그는 음악 교사를 꿈꾸며 교육대학원에 진학했다. 나는 당시 교사가 된 그의 모습을 상상하며 교생 실습을 다녀온 그의 손에 가득한 편지와 선물을 보고 장난스럽게 긴장하는 척하기도 했다. 하지만 꿈꾸던 교사의 길은 열리지 않았다.

그 후 남편은 시립교향악단 상임 단원이 되었고, 청소년 오케스트라의 지휘자로도 섰다. 다양한 직업을 거치며 살아가는 삶은 고단했고, 경제적 안정감은 우리에게 먼 이야기였다.

긴 터널이 끝나면 또 다른 터널이 기다리고 있었다. 하지만 신기하게도, 나는 그 속에서 불안이나 두려움을 크게 느끼지 않았다. 아마도 하나님의 신실하심을 믿고, 남편의 성실함을 신뢰했기 때문일 것이다.

며칠 전, 남편이 여러 개의 통장을 한꺼번에 볼 수 있는 앱을 열어 내게 내밀었다. 숫자가 있어야 할 통장 화면에 0, 0, 0, 0, 0이 줄지어 있었다. 나는 웃음을 터트리며 말했다.

"하하, 아주 깔끔하고 통일성 있어 좋네!"

남편은 마치 자랑스러운 작품을 선보이듯 "나, 이런 남자야!"라며 으스댔다. 그의 솔직함과 유머에 맞장구치는 내 반응은 우리만의 작은 농담이었다. 삶의 무게를 견디면서도 유머를 잃지 않으려 애쓰는 우리 부부의 진짜 재산은 함께 웃는 그 웃음일지도 모른다. 나는 단 한 번도 재정의 어려움으로 남편을 원망하거나 바가지를 긁지 않았다. 그를 탓하며 한탄한다고 해서 통장에 돈이 생기거나 상황이 달라지는 게 아니라면, 그 에너지를 거기에 쏟을 이유가 없지 않은가. 그렇다면 방법은 하나뿐이다. 내가 달라지는 것!

삶은 내 뜻대로 흘러가지 않는다. 늘 내가 원하는 방식으로 남편이 행동할 수도 없다. 그렇다고 무작정 바람(환난)이 멈추길 기다리는 것도 답이 아니다. 오히려 바람이 거셀수록, 돛을 다는 법을 배워야 한다. 나는 이런 과정을 거치며 바울의 고백을 더 깊이 이해할 수 있었다.

어떠한 형편에든지 나는 자족하기를 배웠노니 나는 비천에 처할 줄도 알고 풍부에 처할 줄도 알아 모든 일 곧 배부름과 배고픔과 풍부와 궁핍에도 처할 줄 아는 일체의 비결을 배웠노라 내게 능력 주시는 자 안에서 내가 모든 것을 할 수 있느니라 빌 4:11-13

힘든 환경 자체가 아니라 그 환경을 바라보는 시선과 태도가 중요했다. 그래서 어떤 상황에도 가정예배를 통해 묻지도 따지지도 않고 감사하는 훈련을 했다. 없는 것에 마음 뺏기기보다 있는 것에서 감사를 찾으려고 노력했다. 그러자 삶의 태도가 바뀌었다. 환경은 쉽사리 변하지 않았지만, 내 마음이 변했다.

나는 남편이 새 일을 시작할 때마다 항상 응원했다.

"자기는 성실하니까 무엇이든 잘할 거예요."

남편은 늘 최선을 다했고, 끝까지 책임을 졌다. 그러니 어느 길에서든 반드시 답을 찾아내리라 믿었다. 그가 고민하며 새로운 길을 선택할 때마다 불안해하는 대신 그에게 용기를 주고 싶었다. 걱정보다 응원이 낫다고 생각했다.

'이 길이 맞을까' 고민한 적은 있어도, '왜 이렇게 힘들지' 하고 불평하지 않았다. 불평한다고 상황이 달라질 게 없다면 남은 선택지는 하나, 환경이 아니라 내가 변하는 거였다.

최근 우리 가정에 또 한 번의 전환점이 찾아왔다. 남편이 목회자의 길을 선택한 것이다. 솔직히 끝이 보이지 않는 터널로 들어가는 기분이었다. 목회의 길은 또 다른 차원의 터널이었다.

오랫동안 목회자로의 부르심을 고민했던 남편은 결국 그 길을 선택했다. 나는 쉽지 않을 거라는 걸 알았지만, 이미 수많은 터널을 지나왔기에 불평이 터널을 짧게 해주지 않는다는 걸 잘 알았다. 그렇다면 방법은 하나, 터널 속에서도 '감사'하기로 했다.

남편이 신대원 준비를 위해 직장을 내려놨을 때, 결혼 전 가입한 보험을 해약해서 생활비를 충당할 만큼 삶이 고됐지만, 불평이 아닌 신뢰로 걸어왔기에 끝이 보이지 않아도 무너지지 않을 수 있었다. 불평은 환경을 바꿀 수 없지만, 감사는 나를 바꾼다.

아내는 남편과 같은 보폭으로 한 걸음을 내딛는 사람이다. 한숨 쉬며 불평을 전염시키는 사람이 아니다. 뒤에서 원망하는 사람이 아니라 곁에서 함께 나아가는 사람이다.

부부가 불확실한 길을 걸어갈 때, 아내의 한숨은 남편의 어깨를 더 무겁게 하지만, 아내의 한 걸음은 남편의 발걸음을 더 가볍고 담대하게 만든다.

남편이 완벽해서가 아니다. 당신의 남편이기에 불평 대신 따뜻한 말 한마디를 건네야 한다. 칭찬과 응원은 남편을 변화시키고, 무엇보다 아내 자신을 단단하게 만든다. 바람을 멈추게 하려 애쓰지 말고, 돛을 다는 법을 익히자. 그 돛이 당신의 가정을 더 멀리 이끌어 줄 것이다.

모든 것을 참으며 모든 것을 믿으며 모든 것을 바라며 모든 것을 견디느니라 고전 13:7

부부는 때로 힘든 시간을 지난다. 사랑은 환난 가운데서도 참고, 믿고, 바라고, 견디는 것이다. 그 속에서도 서로를 향한 믿음과 존중을 잃지 말자. 터널의 끝이 보이지 않아도, 손을 놓지 않고 함께 걷는 것이 '결혼' 여정의 진정한 아름다움이라고 생각한다.

순종의 역설로 가정 세우기

아내들아 남편에게 복종하라 이는 주 안에서 마땅하니라 골 3:18

나는 모든 의사결정을 혼자 하는 삶이 익숙했다. 어린 시절부터 중요한 선택은 늘 내가 해왔고, 남에게 기대기보다 스스로 해결하는 게 편했다. 결혼 후에도 마찬가지였다. 남편과 상의는 했지만, 최종 결정은 내가 하는 경우가 많았다.

결혼을 준비할 때도 서로의 의견이 팽팽하게 맞섰지만, 결국 남편이 내 뜻을 따라주는 것으로 마무리되었다. 자연스럽게 결정의 주도권을 내가 가져갔고, 나는 마치 내 선택이 더 옳다는 듯 우쭐했다. 결혼 후에도 상황은 크게 달라지지 않았다. 중요한 결정마다 남편의 의견은 무시되는 일이 많았다.

그러나 시간이 지나면서 깨달았다. 내 원함대로 모든 것이 흘러갔지만, 하나님이 원하시는 가정의 질서가 세워지지 않았다는 것을. 남편이 가정의 머리가 되어야 하는데, 내가 그 역할을 하고 있었다. 성경은 남편에게 복종하라고 말씀하는데, 나는 전혀 그렇게 살고 있지 않았다.

그래서 결혼 초반에 편하게 주고받던 반말 대신 남편을 더욱 존중하기 위해 존칭을 쓰기로 마음먹었다. 처음에는 익숙하지 않아 실수도 잦았다. "자기야, 밥 먹어!" 했다가 잠시 후 "자기야,

식사해…요?"라며 어색하게 웃곤 했다.

하지만 꾸준히 노력하니 점점 존칭을 쓰는 게 자연스러워졌다. 아이들이 없을 때는 반말을 하기도 하지만, 기본적으로 서로에게 존칭을 사용하면서 부부 사이에 더 깊은 존중과 배려가 자리 잡았다. 처음엔 존칭을 쓰는 것이 그저 말투의 변화라고 생각했다. 하지만 시간이 지나면서 남편을 대하는 내 태도도 바뀌어 갔다.

또 하나의 결단은 남편 뜻에 순종하는 거였다. 순종은 내 뜻과 다를지라도 그를 따르는 것이었다. 이건 말투를 고치는 것과는 비교할 수 없을 만큼 어려웠다.

남편 뜻에 순종하는 건 나와의 처절한 싸움이었다. 단순히 의견을 접는 차원이 아니라 십자가에 내 자아를 끊임없이 못 박아야 했다. 머리로는 알았지만, 실제로 순종하는 과정은 쉽지 않았다. 매번 마음속에서 엄청난 전쟁이 일어났다.

'이번에는 그냥 따라볼까? 하지만 내 생각이 더 맞는 것 같은데…. 아니야, 그래도 순종해야 해. 아니지, 그러다가 만일 남편이 권위를 앞세워 나를 무시하면 어떡해?'

순종하려니 자존심이 상했고, 불순종하자니 말씀을 어기는 것 같아 괴로웠다. 결혼 후 처음으로 주도권을 내려놓는 게 얼마나 어려운 일인지 실감했다.

그러나 결국 하나님께서 세우신 질서를 회복하는 게 내 역할임을 인정하고, 남편이 가정의 머리로 설 수 있도록 모든 권위를 제자리로 돌려놓았다. 의견이 다를 때 "알겠어요"라는 말이 쉽게 나오지 않았지만, 점차 남편을 믿고 맡기게 되었다.

놀랍게도, 내가 남편을 인정하고 신뢰하자 그가 변하기 시작했다. 내 동의를 구하는 게 아닌 책임 있게 가정을 이끌어갔다. 게다가 남편이 가정의 머리로 세워질수록, 나는 더 편안해졌으며 보호받고 있음을 느꼈다.

하나님이 정하신 질서 안에 머물 때, 더 존중받는 아내가 되었다. 가정의 질서가 바로잡히자 자녀들도 안정감을 느꼈다.

내려놓을 때 오히려 더 많은 것을 얻게 된다는 진리가 바로 순종의 역설이다. 순종은 단순한 희생이 아닌 하나님의 뜻을 따르는 과정이다. 세상은 자기 목소리를 내라고, 개인의 권리를 행사하라고 부추긴다. 하지만 하나님의 방식은 다르다. 남편에게 순종함으로써 나는 하나님께 순종하게 되었고, 우리 가정은 하나님이 디자인하신 본래의 모습을 찾아갔다.

아내가 남편을 세우면, 남편은 가정을 세우고, 그 가정에 하나님이 역사하신다. 이것이 바로 순종의 역설이 만들어내는 아름다운 변화다. 남편을 세우는 아내의 작은 순종이 가정을 축복의 터전으로 변화시킨다.

가정의 질서는 아내 하기 나름

"얘들아, 아빠 오셨다!"

"얘들아, 아빠 가신다!"

아이들에게 아버지를 공경하는 마음을 가르쳐주기 위해 시작한 인사였다. 하지만 시간이 지나면서 이 작은 습관이 몸에 배어 아이들이 먼저 "아버지, 오셨어요?"라며 반갑게 인사한다.

요즘은 집에 어른이 와도 그림자 취급하는 경우가 많다. 그러나 '아버지'는 경제적 가장을 넘어 가정을 지키고 보호하는 존재다. 나는 아이들에게 단순한 인사 이상의 의미로 수고하고 애쓴 아버지를 향한 감사와 존경, 공경을 가르치고 싶었다.

고 이어령 교수는 "권위를 버리면서 아버지를 버렸다"라는 말을 남겼다. 현대 사회에서 권위는 억압적인 것으로 여겨지며 점차 사라졌고, 그 과정에서 아버지의 존재도 가정에서 점점 약화했다는 것이다. 하지만 권위는 존경과 신뢰 속에서 형성된다. 아버지가 권위를 잃어버린 게 아니라 가족들이 아버지를 가정의 머리로 세우지 못한 것이 더 큰 문제일 수 있다.

가정에서 아버지의 자리를 결정짓는 중요한 역할을 하는 사람이 바로 아내다. 자녀는 부모의 태도를 보고 배우기 때문에 아내가 남편을 존중하는 모습은 자녀에게도 아버지를 존경해야 한다는 가치를 자연스럽게 심어준다.

반대로 아내가 남편을 무시하고 그의 권위를 가볍게 여기면,

자녀도 아버지를 존중하지 않는다. 아내의 태도가 남편을 존귀하게 만들 수도, 초라하게 만들 수도 있다.

우리 집에는 작은 습관이 있다. 남편이 집에 있든 없든, 항상 남편 몫을 따로 챙겨둔다. 맛있는 음식을 하면 "이건 아빠 것"이라며 먼저 덜어놓는다.

처음에는 아이들이 의아해했지만, 이제는 곧잘 따라 한다. 우리 부부가 집에 없을 때도 우리 몫을 먼저 덜어놓는다. 스스로 그렇게 하는 모습을 보며 감사했다. 자리에 없는 가족의 몫을 챙겨둔다는 건, 배려를 넘어 '우리는 하나'라는 가족 공동체의 의미를 되새기게 한다.

거듭 강조하지만, 아내가 남편을 존중하고 세우는 것은 하나님께서 세우신 질서를 따르는 순종이며, 그 가정이 온전히 서는 하나님의 계획이다.

아내들이여 자기 남편에게 복종하기를 주께 하듯 하라 이는 남편이 아내의 머리 됨이 그리스도께서 교회의 머리 됨과 같음이니 그가 바로 몸의 구주시니라 엡 5:22,23

'사랑'으로 짓고 '존중'으로 세우는 가정. 이건 단순한 구호가 아니라 매일의 선택이다. 남편을 존중함으로써 가정의 중심축을 바로 세울 때, 그 가정은 견고하게 선다. 이는 결코 아내의 가치를 낮추는 게 아니다. 하나님이 디자인하신 아름다운 질서 속에서 각자의 역할을 온전히 수행하는 것이다.

아내들아 남편에게 복종하라 이는 주 안에서 마땅하니라 남편들아 아내를 사랑하며 괴롭게 하지 말라 자녀들아 모든 일에 부모에게 순종하라 이는 주 안에서 기쁘게 하는 것이니라 골 3:18-20

3장
틀린 게 아니라 특별한 거야

실용주의 남편 vs 감성주의 아내

신혼 초 우리 부부가 처음 장 보러 간 날의 작은 실랑이가 떠오른다. 디자인을 전공한 내 눈에는 주방 도구 하나하나가 일상 예술이었다. 마트 진열대 위 예쁜 실리콘 도마는 내게 아침 햇살을 머금은 듯한 설렘으로 다가왔지만, 남편에게는 그저 실용성이 부족한 물건에 불과했다.

결혼 전, 나는 감성이 이끄는 대로 살았다. 옷이나 액세서리에는 별 흥미가 없었지만, 관심 있는 분야에는 지갑을 쉽게 열었다. 책장에 읽지 않은 책이 수북이 쌓여 있어도, 서점 매대에 새 책이 보이면 어김없이 집어 들었다. 문구류 코너의 예쁜 노트가 내게 말을 거는 듯했고, 형형색색 펜들은 내 정신을 쏙 빼났다. 나는 그것을 '감성'이라고 불렀다.

그런 내게 남편은 도무지 이해되지 않는 말을 했다.

"나무 도마가 더 튼튼하고 실용적이고 위생적이야."

"요즘 누가 나무 도마를 써. 실리콘 도마가 훨씬 예뻐요."

나는 색채와 디자인을, 남편은 내구성과 실용성을 말했다. 마치 서로 다른 언어로 대화하는 듯했다. 에덴동산의 하와처럼 나는 보암직도 하고 먹음직도 한 것에 마음을 뺏겨 남편을 유혹했지만, 그는 아담과 달랐다.

모든 것을 실용성의 관점으로만 보는 남편이 고지식하고 융통성 없게 느껴졌다. 미적 감각이라고는 조금도 없는 그가 답답했다. 결국 남편은 가정의 평화를 위해 내 선택을 받아들였지만, 그가 가끔 나무 도마에 대한 아쉬움을 내비치면 마음이 서늘해졌다. 그의 단호함이 서운하기만 했다. 내 편이 되어주지 않는다고 느꼈으니까.

이후 필요한 물건은 혼자서 샀고, 이는 또 다른 서운함을 낳았다. 각자의 고집이 만든 벽이 우리 사이에 하나둘 쌓여갔다. 그때는 몰랐다. 경직되고 답답하다고 여겼던 남편의 실용주의가 내 감성에 단단한 뿌리를 내려주리라는 걸.

장을 보다가 예쁜 물건 앞에서 설레는 마음을 주체하지 못하는 내게 남편은 차지도, 뜨겁지도 않은 적당한 온도로 말했다.

"꼭 필요한 거예요? 그럼 사요."

그 말이 신기하게도 나를 멈추게 했다. 불필요한 걸 사지 말라고 했으면 반발심이 일었을 텐데, 꼭 필요하면 사라는 말은 한 번

더 고민하게 했다. '이게 꼭 필요한가'라고 생각하는 순간, 사고
픈 마음이 자연스럽게 사라졌다.

만약 재정이 여유로웠다면, 지금쯤 내 감성을 채워주는 물건이
집 안 곳곳을 차지하고 있을지도 모른다. 하지만 넉넉지 않은 현
실 속에서 나는 선택과 절제를 배웠다. 그리고 남편 덕분에 지혜
로운 소비 습관을 갖게 됐다. 어쩌면 우리의 가난은 서로를 이해
하게 만든 고마운 스승이었는지도 모른다.

우리 집 재정 관리는 남편이 한다. 결혼 초에는 경제권이 내게
있었지만, 살면서 남편이 나보다 훨씬 꼼꼼하고 정확하다는 것을
알았다. 남편은 흘려보내야 할 곳엔 과감하게 흘려보내고, 아껴
야 할 곳엔 철저히 아낀다.

지금껏 넉넉한 생활은 아니었지만 함께하기에, 부족함이 서로
에게 원망의 화살이 되지는 않았다. 그러나 많은 부부가 경제적
어려움 속에서 "당신이 너무 많이 써서" 혹은 "당신이 더 벌어오지
못해서"라며 비난의 화살을 배우자에게 날린다.

다행히 우리는 그런 함정에 빠지지 않았다. 상대를 탓하기보다
함께 헤쳐나갔다. 서로를 원망하는 대신 손 모아 기도했고, 머리
를 맞대어 해결책을 강구했다. 돈이 부족하면 함께 절약했고, 여
유가 생기면 함께 기뻐했다.

그러면서 적은 수입으로도 얼마든지 행복할 수 있다는 진리를

체험했다. 돈의 많고 적음이 아닌 어떻게 사용하고 관리하느냐가 진정한 풍요로움을 만든다.

요즘 부부들이 재정을 각자 관리한다는 이야기를 종종 듣는다. 각자 상황이 다르겠지만, 그 부분은 동의하기 어렵다. 각자 통장을 관리하면 겉으로는 공평해 보일지 모르지만, 자칫하면 "이건 내가 번 돈이니까", "당신이 그만큼 소비했으니까, 이번엔 내 차례"라는 셈이 생길 수 있다.

부부가 삶을 함께하는 동반자라면, 돈의 흐름도 공유하고 같은 방향으로 나아가는 게 자연스럽다. '내 돈'과 '네 돈'을 구분하는 순간, 마음의 경계도 생기기 마련이다.

부부는 한배를 탄 운명 공동체다. 돈 관리는 더 잘하는 사람이 하면 된다. 각자의 강점에 따라 역할을 나누는 게 지혜다. '경제권을 누가 갖느냐'가 아니라 서로를 '신뢰'하고 가정을 위해 '최고의 선택'을 하는 게 중요하다. 콩 한 쪽도 나눠 먹고, 함께 미래를 꿈꾸는 것이야말로 부부의 여정이 아닐까.

우리 가정은 돈이 많지 않아도, 서로를 신뢰하며 함께 꿈꾸는 기쁨을 누려왔다. 아이러니하게도 지금 우리 집에는 여기저기서 받은 그릇, 짝 잃은 접시, 누가 준 옷들로 가득하다. 이전의 나라면 견딜 수 없었을 이 부조화가 이제는 전혀 어색하지 않다. 오히려 각 물건에 담긴 추억이 더 소중하게 느껴진다.

세월이 흐르며 우리도 참 많이 달라졌다. 디자인만 고집하던 나는 중고 거래를 즐기게 되었고, 고지식하던 남편은 예쁜 물건에 먼저 관심을 보이곤 한다. 서로의 모서리가 닳아 맞춰진 걸까, 아니면 서로의 장점을 배운 걸까.

주방 창가에 걸린 노을이 우리의 불완전한 그릇들 위로 부드럽게 스며든다. 신혼 초 도마 하나를 두고 벌인 실랑이는 우리의 서로 다른 빛깔을 보여주는 아름다운 프리즘이 되었다. 실용주의와 감성주의가 더 이상 대립하지 않고 우리를 완성해 가는 두 날개가 되었다.

부부란 고집스러운 모습이 씻겨 나가고 더 부드러워지는 강물 같은 관계다. 차가운 실용의 물줄기와 따스한 감성의 물결이 하나 되어 적당한 온도의 강물이 되었다.

사고뭉치 아내 vs 해결사 남편

과천 과학관에서 아이들과 신나게 하루를 보내고 돌아오던 길이었다. 해가 비스듬히 기울어 주차장을 물들이던 찰나, '쿵' 하는 소리와 함께 차가 덜컹거렸다. 내려서 보니 타이어가 찢어져 있었다. 당시 운전 경력 이십오 년 차던 나는 남편에게 다급히 전화했다. 남편은 사고 경위는 묻지도 않고 나부터 걱정했다.

"괜찮아? 다친 데는 없어요?"

남편 목소리에 나도 긴장이 풀렸다. 당장 달려오겠다는 걸 만류하고 대처법을 묻자, 그는 침착한 목소리로 알려주었다. 덕분에 타이어를 안전하게 교체하고 무사히 집에 올 수 있었다. 남편과의 통화 내용을 곁에서 듣던 아이들이 견인된 차 안에서 한마디씩 했다.

"우리 아버지는 배울 점이 진짜 많아요. 대부분 아내가 사고 났다고 하면 화내거나 짜증부터 내는데, 아버지는 괜찮냐고 먼저 물어보시고 다친 데 없으면 아무 문제 없다고 위로해 주시니 진짜 멋있어요."

"멀리 있어도 우리를 다독여 주시고… 나는 진짜 아빠 같은 사람 만나고 싶어요."

"내가 그래서 아버지를 존경하는 거야."

"우리 아빠는 진짜 착해. 아빠가 우리 아빠라서 다행이야!"

아이들 말에 가슴이 뭉클했다.

집에 돌아와서 내가 생돈이 나가는 걸 속 쓰려 했더니, 남편은 "타이어 갈 때 됐어요. 큰 사고 나기 전에 미리 갈았다고 생각하면 괜찮아요"라며 나를 위로해 주었다. 너무 멋있어서 속으로 생각했다.

'내가 이 남자의 진가를 일찍 알아봐서 정말 다행이다.'

사실 이런 일은 처음이 아니었다. 한번은 강의를 마치고 돌아오는 길에 노트북 충전기를 넣은 파우치를 분실했다. 하루가 지나서야 그 사실을 알았는데, 어디서 잃어버렸는지 도무지 기억나지 않았다. 남편은 분실 경위를 따지거나 묻지 않고 곧바로 충전기 구입처를 알아보았다.

나는 혹시나 하는 마음에 경찰청 유실물 종합관리 시스템을 검색했고, 내 파우치가 보관되어 있는 걸 발견했다. 전철로 다녀오겠다고 하자 남편은 같이 가자고 했다. 그렇게 우리는 눈 오는 날, 소소한 데이트를 즐겼다. 그날도 생각했다.

'남편이 없었으면 어떡할 뻔했어!'

아이들이 어릴 때, 버스를 타고 교회에 다녀오던 날이었다. 품에 막내를 안고, 나머지 세 아이의 손을 잡고 버스에서 내리느라 정신이 없었다. 정류장을 막 벗어나려는 순간, 한 청년이 버스 창문을 열고 소리쳤다.

"아줌마! 가방 놓고 내렸어요!"

나는 급하게 외쳤다.

"그냥 던져주세요!"

청년은 힘껏 가방을 던졌고, 나는 아줌마 본능을 발휘해 낚아챘다. 남편에게 이 이야기를 들려주자, 그는 뜻밖의 말을 했다.

"애들 챙기느라 정신없었을 텐데… 다른 건 다 잃어버려도 괜찮아요. 애들 안 놓고 내린 게 어디야!"

그는 실수투성이인 나를 사랑으로 품어주었다. 다른 이들은 부주의하다고 할지 모르지만, 남편은 그런 내가 귀엽다며 웃어넘

긴다. 그리고 내게 무슨 일이 생기면 마법처럼 나타나 해결해 주
곤 한다.

남편과 다툰 어느 밤이었다. 아이들이 자고 있어서 큰 소리는
내지 못했지만, 속에서 분노가 치달았다. 잠깐 바람이라도 쐬고
와야 진정될 것 같아서 차 키를 들고 집을 나섰다. 그런데 그만 차
를 빼다가 옆 차를 긁고 말았다. 처음 있는 일이었다.

내가 기대한 건 멋지게 차를 빼고, 창문을 열고, 강변을 달리며
머리를 식히는 거였는데 처음부터 엔진이 꺼져버린 셈이었다. 당
황한 나머지 다시 주차하고, 너무 늦은 시간이라 메모지에 사고
경위와 연락처를 적어 옆 차에 붙여두었다. 그리고 차에서 막 내
리려는데, 저만치서 남편이 그 광경을 다 보고 있었다. 걱정되어
나를 따라 나왔다가 하필 사고 내는 순간을 목격한 거였다.

남편은 아무 말 하지 않았다. 대신 조용히 다가와 메모지에 적
힌 연락처를 자기 번호로 바꿔놓았다. 그리고 다음 날, 차주와 원
만한 합의를 마쳤다. 그는 사고에 대해 잔소리 한마디 하지 않았
다. 사고 낸 사람이 자기 잘못을 더 잘 알기 마련이니까.

얼마 후 남편이 말했다.

"그 감정 상태로 나갔으면 더 큰 사고로 이어질 뻔했어. 주차장
에서 그런 일이 있었던 게 오히려 다행이에요."

그 일 이후, 나는 화가 많이 날 때는 절대 차를 몰지 않기로 다
짐했다. 곰곰이 생각해 보니, 내가 남편을 존경하게 된 가장 큰 이

유도 큰일 앞에서 그가 놀랍도록 침착하기 때문이다. 타이어가 찢어졌을 때도, 중요한 물건을 잃어버렸을 때도, 내가 화난 채로 차를 몰고 나가려 했을 때도 그는 흥분하지 않았다. 오히려 차분하게 해결책을 찾고, 냉철하고 든든한 모습으로 내 마음을 먼저 다독여 주었다.

결혼 생활은 너무도 다른 두 사람이 만나 같은 길을 걸어가는 여정이다. 누군가는 실수하고, 누군가는 수습한다. 마치 각기 다른 곡조를 연주하는 악기들이 아름다운 하모니를 이루듯, 우리의 다름은 서로를 더욱 빛나게 하는 특별함이 되었다.

큰 실수도 웃음으로 승화하는 아내와 늘 묵묵히 해결하며 사랑으로 감싸주는 남편. 우리는 서로의 부족함을 탓하는 대신 내게 없는 상대의 장점에 감탄한다. 마치 도자기의 틈을 금으로 메우는 것처럼 서로 부족한 부분을 채우며 우리만의 특별한 이야기를 써 내려가고 있다.

하나님이 남자와 여자를 다르게 창조하신 이유도 여기 있지 않을까. 우리는 다른 모습으로, 서로에게 꼭 맞는 퍼즐 조각처럼 창조되었다. 다름을 틀림으로 보지 않고, 그 차이가 우리를 더욱 특별하게 만든다는 사실을 기억해야 한다. 봄날의 정원에 서로 다른 꽃들이 어우러져 아름다운 풍경을 만들듯 우리의 다름은 서로를 빛나게 하는 축복이다.

나는 또 실수할지 모른다. 하지만 걱정하지 않는다. 내 옆에는 남편이 있으니까. 우리 아이들은 그런 아빠를 보며 배울 것이다. 서로를 세워주는 사랑이 무엇인지 그리고 두 사람의 다름이 둘을 하나 되게 하는 큰 축복이라는 것을.

바느질 남편 vs 페인트칠 아내

나는 차분히 앉아 한 땀 한 땀 공들이는 바느질과 영 맞지 않는다. 학창 시절 바느질 숙제는 늘 엄마의 손을 빌려야 했다. 그런데 셋째와 넷째를 품었을 때는 강보와 배냇저고리에 말씀 수를 놓으며 바느질의 묘미를 처음 맛보았다. 말씀을 암송하며 수놓은 그 시간은 모성과 신앙이 빚어낸 특별한 순간이었다(나는 하나님의 은혜와 엄마의 사랑이 고스란히 담긴 이 강보와 배냇저고리를 딸들에게 물려줄 가보로 간직하고 있다).

그런 내게 하나님은 고마운 선물을 주셨다. 바로 바느질 달인 남편이다. 첫아이를 낳고서야 알게 된 그의 숨은 재능은 정말 놀라웠다. 시중의 신생아 베개가 아이 머리에 맞지 않자, 남편은 며칠을 연구하더니 가제 손수건으로 직접 베개를 만들기 시작했다.

아이 머리를 안전하고 포근하게 감싸는 완벽한 크기를 찾고, 한 땀씩 정성스레 바느질했다. 그렇게 탄생한 아빠표 베개는 넷째까지 이어졌다. 그는 때로 아이들의 타고난 두상을 탓하지만,

나는 안다. 우리 아이들의 예쁜 두상에는 아빠의 사랑이 깃들어 있음을.

어느새 남편의 바느질 솜씨는 가족의 일상이 되었다. 아이들은 옷에 단추가 떨어지거나 바느질이 필요하면 자연스레 아빠를 찾고, 남편은 묵묵히 반짇고리를 꺼낸다. 혹자는 "남자가 바느질?"이라며 의아하겠지만, 나는 남편의 이런 섬세함이 참 좋다. 그리고 이 섬세함을 아이들도 물려받았다.

둘째 온유는 남자아이임에도 뜨개질과 바느질을 스스로 터득해 동생들 옷에 예쁜 꽃 자수를 놓아주기도 했다. 동생들은 그 옷만 골라 입을 정도로 좋아했다. 셋째 사랑이는 우리 집 바느질 고수다. 인형 옷을 만들어 입히는 건 기본이고, 꼼꼼한 손바느질로 인형과 각종 소품을 뚝딱뚝딱 만들어낸다. 요즘은 아빠를 대신해서 오빠들의 옷을 꿰매주고 있다.

반면 나는 다른 부분에서 과감하다. 창조주 하나님의 DNA가 내게도 있기에 무에서 유를 창조하며 헌 집을 새집으로 바꾸길 좋아한다. 오래되거나 미관상 좋지 못한 곳이 보이면 페인트를 칠하거나 시트지로 보수하곤 한다.

첫 신혼집의 낡은 나무 창틀과 문은 내 손끝에서 밝은 크림색으로 재탄생했다. 칙칙한 벽엔 화사한 색을, 낡은 가구엔 새 옷을 입혀주었다. 늘 오래된 집으로 이사해야 하는 형편에서도 집마다 숨은 아름다움을 찾아내어 탈바꿈시키는 일이 즐거웠다. 낡은 집은 오히려 내 창의력을 키워주었다. 특히 검은색 업라이트 피아노를 하얀색으로 변신시킨 일은 우리 가족의 자랑거리다. 둘째를 등에 업고 피아노에 색을 입히던 그때를 생각하면, 지금도 가슴이 뿌듯하다.

"여자가 이런 것도 못 해?", "남자가 그런 걸 왜 해?"

세상은 이런 말로 틀 속에 가두려 한다. 하지만 "각각 은사를 받은 대로 하나님의 여러 가지 은혜를 맡은 선한 청지기같이 서로 봉사하라"(벧전 4:10)라는 말씀처럼 우리는 다름을 특별한 은사로 받아들였다. 남편의 섬세한 손끝이 가족의 일상을 꿰매고, 내 대담한 붓질이 우리의 공간에 숨을 불어넣는다.

하나님은 우리를 다르게 빚으셨다. 그 다름으로 하나의 아름다운 가정을 이루게 하셨다. 서로가 가진 고유의 빛깔로 우리는 날마다 새로운 그림을 그려간다.

부부의 다름은 축복이다. 너와 나의 특별함이 만나 더 특별하고 풍성한 이야기를 써 내려가고 있으니 말이다.

아날로그 남편 vs 디지털 아내

나는 남편에게 없어서는 안 되는 동역자다. 개척교회에서 식사 준비부터 찬양, 디자인 작업, 심방과 양육까지 내 손이 닿지 않는 곳이 없기 때문이다. 가끔은 "고급 인력을 너무 부려 먹는 거 아니야"라고 투정을 부리지만, 내 강점으로 남편을 도울 수 있어서 기쁘다.

서로 성향이 다르지만, 그래서 더 잘 맞는 부분이 많다. 나는 다중작업에 능숙해 여러 가지를 빠르게 처리하고, 남편은 하나의 일에 집중해서 천천히 해내는 스타일이다.

나는 요리를 할 때도 가스레인지의 모든 화구를 사용한다. 국을 끓이면서 반찬을 만들고, 중간에 설거지하면서 아이들의 온갖 요구를 들어준다. 설거지도 몇 배속으로 빠르게 하지만, 남편은 조용히, 차분하고, 조심스럽게 거품을 씻어낸다.

이런 차이는 집안일을 부탁할 때도 나타난다. 남편에게 여러 가지를 한꺼번에 요청하면 남편은 스트레스를 받기에 나는 반드시 하나씩 말한다. 처음엔 답답했지만, 시간이 지나면서 그게 남편에게 맞는 방식임을 알았다. 중요한 건, 내가 편한 방법이 아닌 상대가 편한 방식을 찾는 거였다.

남편은 드릴 하나만 있으면 전선을 손보거나 선반을 만드는 등 못 하는 일이 없다. 못 하나 박는 것도 정성을 담아 완벽하게 해내고, 가끔 귀찮을 법한 일도 힘든 기색 없이 넉넉히 감당해 준다. 그래서 남편을 "우리 집 맥가이버"라고 부른다. 그 덕에 우리 집은 날로 편리해지고 있다.

남편이 손으로 하는 일에 능하다면, 나는 디지털 기술을 잘 활용한다. 정보를 찾아 문제를 빠르게 해결하거나 휴대전화나 컴퓨터의 기능을 금세 익히고, 새로운 기술이 나오면 곧장 적용하곤 한다. 시대의 흐름을 읽는 것도 빨라서 유용한 앱을 찾아 남편에게 가르쳐주기도 한다. 그는 나를 보며 늘 감탄한다.

"이걸 이렇게 하면 되는구나! 와, 진작 알았으면 훨씬 편했을 텐데!"

우리 부부는 아이들에게 책을 읽어주는 방식도 다르다. 남편은 아날로그 감성이어서 직접 손으로 책장을 넘기며 따뜻한 목소리로 읽어주는 걸 선호한다. 그래서 아이들의 하루 마무리는 늘 남편이 책 읽어주는 시간이었다. 반면에 나는 성우처럼 직접 녹음해서 아이들이 원할 때 틀어주었고, 아이들은 엄마표 오디오북을 들으며 편안하게 잠들었다.

우리는 사진을 찍는 방식도 다르다. 나는 아이들이 웃는 찰나, 남편이 책 읽어주는 모습, 온 가족이 식탁에서 대화하는 풍경 등 그 순간을 놓치지 않으려고 빠르게 찍는다. 반면, 남편은 한 장을 찍어도 구도를 맞추고, 조명을 고려하고, 완벽한 타이밍을 기다린다. 나는 일상 기록 자체를 중시하고, 남편은 멋진 한 장을 남기길 원한다.

결혼 초반에는 이런 남편이 융통성 없고 효율적이지 못하다고 생각했다. 남편 역시 내가 너무 많은 걸 동시에 하려 하고 지나치게 효율을 따진다고 여겼다. 하지만 시간이 지나면서 이것이 단순한 성향 차이가 아니라 서로에게 꼭 필요한 균형임을 알았다.

나는 남편 덕분에 한 가지에 온전히 몰입하는 법을 배웠다. 그리고 동시에 여러 일을 하면 중요한 걸 놓칠 수 있다는 것도 알게 되었다. 남편도 나의 도움으로 새로운 기술을 배우고 더 효율적인 방법을 익혀나갔다.

우리 가정은 매년 '축복 샤워'를 하며 서로를 격려하고 한 해 동안 감사했던 일을 나눈다. 2022년에는 좀 더 특별한 시간을 가졌다. 바로 가족 시상식! 나는 가족들에게 작가상, 요리상, 엄마상, 책상 등 여러 상을 받았다. 그중에서도 남편이 '다양한 얼굴상'을 수여하며 했던 말이 유독 기억에 남는다.

"강의가 있는 날과 평소 얼굴이 판이하기에 이 상을 수여합니다. 무엇보다 엄마, 아내, 사역자로서 다양한 역할을 탁월하게 감당하였기에 사랑과 감사의 마음을 담아 이 상을 드립니다!"

나는 가끔 농담처럼 남편에게 말한다.

"백은실 없으면 어떻게 살려고 그래?"

그러면 남편은 격하게 인정한다는 의미로 활짝 웃어준다.

우리 부부는 마치 하늘과 땅의 만남과도 같다. 아날로그적 완벽함을 추구하는 남편은 묵직하고 견고한 대지의 안정감이요, 디지털 시대의 효율성을 추구하는 나는 빠르게 흘러가는 구름의 변화무쌍함이다. 때로는 속도가 맞지 않아 조율하는 시간이 필요하지만, 결국 서로의 본질을 배우며 지평선에서 만나 풍경을 완성해 간다.

안전 불감증 아내 vs 안전 넘감증 남편

네 아이 중 응급실을 거치지 않은 아이가 없다. 모두 크고 작은 사고로 병원에 다녔기에 우리 부부의 심장도 함께 쪼그라들었다. 특히 첫째는 두 돌이 되기도 전에 서울의 큰 병원 응급실은 거의 다 방문했을 정도로 응급실 경력이 유난히 많다.

넓은 공간에서 놀다가도 꼭 모서리를 찾아 넘어졌고, 상 모서리, 장난감 모서리, 화분 모서리, 침대 모서리 등 다양한 곳에 찧어 다치며 우리 부부에게 '모서리 공포증'을 안겨주었다.

그래서인지 남편과 나는 어딜 가든 손으로 모서리를 막는 습관이 생겼다. 안전에 민감한 남편은 시댁이나 친정에 가도 휴지, 수건, 쿠션 등 손에 잡히는 것을 활용해 모서리 보호 가드를 만들었다. 그리고 차에 탈 때마다 같은 말을 했다.

"얘들아, 안전띠 했어? 귀찮고 불편하지만, 그 불편함이 생명을 지켜주는 거야."

지금은 아이들이 반사적으로 안전띠를 매지만, 남편은 여전히 수시로 확인하며 안전 교육을 철저히 한다.

그의 '안전 넘감증'(넘치는 민감함)으로 인한 일화가 참 많다.

하루는 아이들이 게임을 하다가 지면 꿀밤 맞는 내기를 하고 있었다. 남편은 그 모습을 보자마자 다급히 "꿀밤 같은 거 하지 마! 뇌출혈 생겨!"라고 소리쳤다. 남편의 농담에 아이들은 실소를 터뜨렸다.

어느 날은 아이들이 남편 배 위에 올라타서 손으로 꾹꾹 누르자 남편은 "얘들아, 그렇게 하면 장 파열돼"라며 앓는 척을 했다. 아이들은 박장대소하며 아빠에게 '안전 넘감증'이라는 별명을 붙여주었다. 아빠의 안전 기준은 이해할 수 없는 레벨이라고 말이다.

우리가 교회 위 사택에 살 때였다. 셋째 사랑이가 집에서 이 분 거리의 청소년 수련관에 다니곤 했다. 아무런 위험 요소가 없는 길이었지만, 남편은 오빠들에게 여동생을 데려다주는 임무를 주었다. 이유는 단 하나, '사랑이가 너무 예뻐서 위험하다'는 거였다. 나는 창문으로 아이 동선이 다 보여서 혼자 보내도 된다고 했지만, 남편은 절대 허락하지 않았다.

혹시 모르는 일에 철저히 대비하는 남편과 그런 일은 안 생길 거로 생각하는 나. 이 확연한 차이는 연애할 때도 드러났다. 명절에 그가 부산으로 놀러 온 적이 있었다. 마침 본가에 와 있던 나는 그를 부산 명소에 데려갔다.

태종대 굽잇길을 올라갈 때였다. 그는 자동차 창문 위 보조 손잡이를 양손으로 잡고 긴장한 듯한 목소리로 말했다.

"자매님, 너무 빨리 달리는 것 아니에요! 천천히 가시죠."

소방관인 사촌 오빠에게 도로 연수를 받아서 내 운전 스타일이 다소 거칠긴 했지만, 부산에서는 흔한 방식이었다. 나는 긴장감을 즐기며 과감하게 운전하는 반면, 남편은 위험 상황을 늘 예방하자는 주의였다.

사실 나는 위험에 둔감한 편이다. 안전사고에 대해 깊이 생각해 본 적이 별로 없다. 그런데 남편을 통해 위험을 감지하고 대비하는 법을 많이 배웠다. 물론 남편만큼 철저하진 않지만, 이전보다 위험 요소를 더 인식하게 된 것만으로도 큰 변화다.

남편은 가끔 내게 "믿음이 좋은 건지, 현실 감각이 없는 건지 헷갈린다"라고 말하곤 한다. 그는 최악의 상황을 염두에 두고 만일의 사고까지 대비해야 한다는 주의고, 나는 괜찮을 테니 지레 겁먹지 말고 일단 도전해 보자는 입장이다. 어떤 일이든 나는 비교적 쉽게 결정하는 반면, 남편은 철저한 계획과 분석을 거친 후에야 움직인다.

이 차이는 남편이 신학교에 가기로 정할 때나 개척을 준비할 때도 뚜렷이 드러났다. 나는 이미 벼랑 끝에 가서 뛰어내릴 준비를 했고, 남편은 천천히 벼랑으로 향했다. 그런데 막상 벼랑 끝에 도착하면, 오히려 남편이 더 과감하게 뛰어내렸다. 나는 마지막 순간에 망설이는 편이지만, 그는 확신이 서면 뒤돌아보지 않고 전력질주한다.

이런 차이 덕분에 삶이 균형을 이룬다. 우리는 맞지 않는 게 아니라 서로를 보완하기 위해 다른 것이다. 이 다름이 우리가 함께 하는 이유이며 우리만의 특별함이다.

남편이 없다면 우리 가족은 여행할 때 아무런 준비 없이 떠날 가능성이 크다. 안전띠에 대한 경각심도 낮고, 위험 대비도 부족할 것이다. 반대로 내가 없다면, 남편은 안전 문제를 고려하느라 출발조차 못 할 수 있다. 혹은 모든 변수를 검토하느라 정작 중요한 순간을 놓칠지 모른다.

이처럼 하나님은 부부를 다르게 만드셨다. 각자의 강점으로 서로의 부족함을 채우며 조화로운 가정을 이루도록 설계하셨다.

다큐 남편 vs 개그 아내

학창 시절, 나는 어디서든 금방 적응하고 누구와도 쉽게 어울렸다. 월요일이면 친구들이 하나둘 내 주변으로 모여들었다. 나는 당시 인기 주말 드라마를 요약해서 들려주곤 했는데, 각 배우의 특징을 살려 목소리까지 바꿔가며 재연하는 것이 특기였다.

그래서였을까. 나는 늘 학급의 중심에 있었다. 공부 잘하는 아이와 못 하는 아이, 바른 아이와 '껌 좀 씹는 아이' 사이에서 가교 역할을 했고, 반장이 아닌데도 아이들은 내 말을 잘 들었다. 반 분위기를 밝게 만드는 데 앞장서면서 중고교 시절에는 오락부장을 도맡기도 했다.

교회에서도 '문학의 밤'을 하면, 나는 성경 이야기로 재밌는 연극을 만들어 무대에 올리곤 했다. 즉흥에 가까운 시나리오였지만, 성경 이야기에 코믹 요소를 섞는 게 특기였다. 나중에 서울로 취업한 나를 두고 고교 친구들 사이에서 "개그맨이 되기 위해 올라갔다"라는 소문이 돌 정도였다.

하지만 대학에 입학해서는 학업에 집중하며 조용한 삶을 택했다. 그러다 보니 친구들 사이에서 거의 눈에 띄지 않았다. 그러나 기질은 숨긴다고 사라지지 않는 법. 현재 나는 내 유머 감각을 잘 활용하여 사역에서는 편안하고 친근한 사모로, 자녀에게는 유쾌한 엄마로, 남편에게는 웃음을 주는 아내로 살고 있다(아이들의 웃음 코드는 연구가 필요하지만, 남편을 웃기는 일은 식은 죽 먹기다. 그는 내 가벼운 농담에도 정말 크게 웃는다).

나의 이런 기질은 가정에서만이 아니라 방송할 때, 사람을 만날 때, 사역할 때 그 진가를 발휘한다. 무거운 분위기를 부드럽게 풀어주고, 상대를 편안하게 하는 데 큰 역할을 한다. 진지한 메시지를 전하는 순간에도 적절한 유머 한마디가 사람의 마음을 여는 열쇠가 된다. 모든 순간을 더 따뜻하고 자연스럽게 만들어 준다.

그러면서 나는 웃음의 힘이 얼마나 큰지를 알게 되었다. 또한 유머가 단순히 나를 표현하는 방식이 아니라 하나님께서 내게 주신 중요한 도구임을 깨달았다.

반면에 남편은 개그를 다큐로 만드는 기술이 있다. 때로 남편이 재밌다고 던지는 개그가 집안 분위기를 순식간에 '겨울왕국'으로 만들어버린다. 아이들이 동공 지진을 일으키고 분위기가 싸늘해지는 순간에도 남편은 '내 개그, 꽤 괜찮은데'라는 표정을 짓곤 한다.

가끔은 그냥 웃어넘겨야 할 농담을 남편이 너무 진지하게 받아들이는 바람에 아이들이 "아버지, 이건 장난인데 그렇게 진지하게 반응하시면 어떡해요"라고 호소하기도 한다. 그렇다고 남편이 매사에 진지하지는 않다. 가족 앞에서는 소년 같은 모습을 자주 보인다.

남편과 나의 성향을 깊이 들여다보면, 어린 시절에 겪은 가정불화가 보인다. 우리는 비슷한 환경에서 자랐지만, 삶을 해석하는 방식이 달랐다.

나는 현실을 있는 그대로 마주하기보다 그 속에서 즐거움을 찾고자 했다. 힘든 순간에도 어떻게든 웃음거리를 찾아내고 분위기를 가볍게 만들려고 했다. 내게는 웃음이 방어 기제이자 탈출구였다. 어려운 상황일수록 더 활기차게 행동했고, 친구들을 웃기는 게 나를 위로하는 방법이었다. 그렇게라도 해야 답답한 현실에서 잠시라도 벗어날 수 있을 것 같았다.

반면에 남편은 현실을 정면으로 마주했다. 책임감이 강한 성품 때문인지, 삶의 무게를 견뎌야 하는 것으로 받아들였다. 그래서 깊이 고민하고 문제의 본질을 이해하며 해결책을 찾으려 했다. 그 래서 웃음보다 사색과 성찰이 더 익숙했다. 어쩌면 그에게는 웃을 여유조차 허락되지 않았는지도 모른다.

물론 모든 게 환경 때문만은 아니다. 사람마다 타고난 성품과 기질이 다르듯, 나와 남편도 본래 지닌 성향이 다르다. 나는 삶의 어려움을 금세 잊고 다시 활기를 찾는 편이지만, 남편은 한 가지를 깊이 생각하는 성향으로 주어진 상황을 진지하게 받아들이며 의미를 찾으려는 태도가 강하다. 그래서 같은 현실을 겪어도 바라보는 시각이 다르다.

결혼 초에는 이런 차이가 때로 오해와 갈등의 원인이 되었다. 내가 웃어넘기고 싶은 상황을 남편이 심각하게 받아들이거나 그가 깊이 고민하는 문제를 내가 가벼이 여기는 듯한 인상을 주기도 했다. 하지만 시간이 흐르면서 서로의 다름이 특별한 조화를 이루어 가정을 더욱 풍성하게 만들어갔다.

나는 남편의 무거운 고민 속에 가벼운 바람을 불어넣고, 남편은 내 경쾌한 걸음에 깊이를 더한다. 마치 달콤한 디저트와 진한 커피가 서로를 더 맛있게 만드는 것처럼 우리는 웃음과 진중함으로 서로를 더 빛나게 한다. 우리는 다르기에 더 풍성하다. 똑같다면 배우자를 통해 성장할 기회도 없을 것이다.

이런 우리를 보며 아이들이 자란다. 때로는 엄마처럼 웃음꽃을 피우고, 때로는 아빠처럼 깊이 생각하는 법을 배운다.

어느 날 큰아들이 말했다.

"엄마, 아빠는 진짜 천생연분 같아요. 이렇게 다른데 행복하게 사시는 게 신기해요."

그러자 남편이 빙긋 웃으며 대답했다.

"서로의 노력 없이는 절대 안 되는 거야. 끊임없이 노력해야 하지. 하나님의 은혜 안에서."

하나님은 우리를 다르게 창조하셨다. 그 다름을 통해 서로를 깊이 이해하고 사랑하게 하신다. 그 다름을 인정하고 맞춰갈 때 가장 아름다운 조화를 이루게 하신다.

중요한 것은 '노력'이다. 하나님께서 예비하신 '천생연분'은 찾는 게 아니라 함께 만들어가는 것임을 기억하자.

3부

졸업 없는

사랑의 학교

1장
부부, 나에게서 너에게로 가는 길

거룩한 교실, 결혼

여행이란 '익숙함'을 벗어나 '낯섦'을 경험하는 것 아닐까. 그래서 여행 상품은 낯선 세상을 만나는 기회를 제공하며, 그 안에 가치를 담는다. 새로운 것을 보면서 느끼는 경이로움은 삶에 신선한 생기를 불어넣는다.

부부가 함께하는 여정에서도 서로의 '낯섦'을 발견할 때 두려움이 아닌 경이로움을 느낀다. 결혼이란 조금은 부족하고 서툴어도 사랑하는 사람과 의미 있는 변화를 즐기며 한 방향을 향해 같은 호흡으로 걷는 것이다. 결혼은 머리로 이해하는 개념이 아니라 삶으로 배우고 알아가는 과정이다.

서로를 향한 뜨거운 감정만으로는 행복한 결혼 생활을 이어갈수 없다. 사랑의 열정만큼 배우자를 깊이 알아가려는 열정이 필요하다. 우리는 대학에 가려고 십이 년을 공부하면서도, 평생을 함께할 배우자와의 삶은 배우려 하지 않는다. 결혼식 전까지 소위 '스드메'로 불리는 외적인 준비에는 시간과 비용을 아끼지 않지만, 결혼 후 두 죄인이 만나 함께 살아야 하는 현실적 준비는 거의 하지 않는다.

결혼에 대한 배움은 '예비학교'에서 배우는 지식적 앎을 넘어 실제 결혼 생활에서 부딪히며 서로를 알아가는 과정을 포함한다. "결혼(부부)을 공부한다"라는 말이 낯설게 들릴 수 있다. 그러나 배우자에 대해 배우고 공부하지 않으면, 결국 자신이 만든 상대의 허상만을 고집하며 살게 된다.

결혼은 이기심을 버리고 서로를 위해 헌신을 훈련하는 자리이며 하나님의 사랑을 체화하는 과정이다. 함께 자녀를 키우며 겪는 고난조차도 부부를 성숙하게 만드는 영적 성장의 통로가 될 수 있다.

부부가 서로를 알아가는 가장 좋은 공부는, 말씀을 통해 보여주시는 인간의 연약함을 배우는 것이다. 물론 나와 배우자의 결핍을 이해하며 있는 그대로 수용하는 건 쉽지 않다. 부부는 서로를 온전히 채워줄 수 있는 존재가 아니기 때문이다. 그래서 부부의 중심에는 항상 주님이 계셔야 한다.

내 장점과 자원이 아닌 예수님만이 부부의 삶의 기준이 되실 때, 믿음 안에서 행복한 결혼 생활을 할 수 있다. 예수님처럼 사랑하고, 예수님처럼 희생하고, 예수님처럼 섬기고, 예수님처럼 겸손하게 결혼을 하나하나 배워갈 때 부부는 성장한다. 하나님이 주시는 풍성함과 서로 간에 느끼는 친밀함을 동시에 경험하면 부부 관계는 갈수록 견고해진다.

결혼은 평생 서로를 배우는 거룩한 교실이다. 세상의 가치관으로는 이해할 수 없는, 하나님의 지혜가 담긴 배움과 성장의 여정이다. 이를 통해 우리는 서로의 낯선 모습에도 가치를 부여하게 된다. 또한 결혼은 두 사람의 다양한 빛깔로 다채로운 부부의 삶을 그려가시는 하나님의 작품 세계로 이끌어 준다. 이는 하나님과 더 넓은 세상으로 들어가는 일이기도 하다.

서로를 알아가는 기쁨을 누리길 바란다. 세상은 "결혼은 속박"이라고 말하지만, 오히려 그 속박이 우리를 자유롭게 하는 역설적 은혜임을 깨닫게 될 것이다.

오해와 이해 그리고 대화

아내가 첫 아이를 임신했을 때였다. 당시 나는 임신이 아내의 몸과 마음을 얼마나 크게 변화시키는지 몰랐다. 그저 평소보다 좀 더 피곤하고 예민해지겠거니 생각했다.

어느 날 고속버스를 함께 탔는데, 타자마자 아내가 인상을 찌푸리며 말했다.

"무슨 냄새 안 나요? 이상한 포도 냄새…."

아내는 메스껍다며 민감하게 반응했지만 나는 아무 냄새도 맡을 수 없었다. 그래서 아내에게 짜증을 냈다.

"아니, 아무 냄새도 안 나는데? 하니야, 너무 예민하게 굴지 마."

아내는 조용히 창문 쪽으로 고개를 돌렸고, 한 시간 내내 메스꺼워했다. 그런데 내릴 무렵, 맨 뒷자리에 앉아 있던 한 아이가 포도맛 사탕을 입에 문 채 엄마 손을 잡고 있었다. 그 짧은 순간에 충격을 받았다.

'아… 진짜 냄새가 났던 거구나. 아내가 사실을 말했던 거구나.'

나는 곧장 아내에게 사과했다.

"하니야… 미안해. 내가 몰랐어. 자기 진짜 힘들었겠다."

아내는 말없이 고개만 끄덕였다. 내 무지함으로 아내를 오해하고 마음을 다치게 해서 너무 미안했다. 그 일로 나는 여성이 임신하면 후각뿐 아니라 모든 감각이 예민해진다는 걸 배웠다. 그날 내가 아무 냄새도 맡지 못했던 건 후각이 둔해서가 아니라 내 마음이 둔해서였는지도 모르겠다.

그 후로 나는 아내의 마음을 살피려 노력해 왔다. 내가 건네는 한마디 말로 아내가 보낸 힘든 하루의 고단함을 풀어줄 수 있기 때문이다.

말의 온도가 중요하다. 따뜻한 말은 적도의 화와 북극의 냉기를 순식간에 점령한다. 말로써 온기를 전달하기 위해 나는 마음의 태도를 가다듬고 아내의 표정을 살핀다.

"오늘 힘들었죠? 수고했어요."

남편의 따뜻한 말 한마디에 아내의 기분이 환기되고, 아내의 마음은 온기를 되찾는다. 나는 아내를 대하는 남편의 다정한 태도와 따뜻한 언어가 아내 마음에 쌓인 피로를 풀어줄 수 있다고 믿는다. 하지만 아무리 살핀다고 해도 사람의 마음을 아는 데는 한계가 있다. 종종 이 한계가 오해를 부르기도 한다.

평소 아내는 자신의 밝은 에너지로 집안 곳곳을 채워왔다. 그런데 최근 얼마간은 감정적 어려움을 자주 토로했다. 내가 나름 아내를 칭찬도 하고 추켜세우기도 했지만, 아내는 그 말이 전혀 위로가 되지 않는다고 했다.

아내를 이해하기 위해 그녀가 어떤 삶의 과정을 겪고 있는지를 물어보았다. 아내는 지인이 보내준 메시지를 보여주었다. 갱년기를 걱정하는 내용이었다. 오십 대 초반에 접어든 아내에게 사춘기도 두려워 떤다는 갱년기가 시작된 거였다. 나는 아내에게 미안했다.

부부가 하는 실수 중 하나는 '말 안 해도 알겠지' 하는, 상대를 향한 기대감이다. 이는 절대 품지 말아야 할 생각이다. 오해를 불러오는 가장 확실한 통로이며, 잡초 같은 오해에 거름을 주는 행위다. 대부분 상대가 나를 알아주지 않는다며 서운해하지만, 아무리 가까운 배우자라도 말하지 않으면 내 마음을 다 헤아리지 못한다.

상대를 전지(全知)의 자리에 앉히는 건 더 많은 오해를 불러올 뿐이다. 지혜로운 부부는 각자의 영적, 심리적 상태를 말하고, 더 나아가 듣기 원하는 말을 요청할 때, 문제의 매듭을 풀 수 있다.

우리 교회는 예배 후 소그룹 모임을 한다. 어느 날 한 집사님 부부가 모임에서 어려움을 나누었다. 아내 집사님은 어린 두 아이를 키우며 하나님께서 주신 자녀를 믿음 안에서 잘 양육하겠다고 간절히 기도했다고 한다. 그러나 자녀 양육이 점점 힘에 부쳐서 양육 자체에 깊은 의문이 생겨 우울감을 겪는다고 털어놓았다.

이 부부의 대화가 흥미로웠다. 남편 집사님은 단순히 문제를 해결하려 하기보다 아내의 감정에 공감하며, 자녀 양육이 결코 무가치한 일이 아님을 진심을 담아 말해주었다. 서로의 마음이 연결되어 있음을 확인하는 소중한 대화였다.

이때 아내 집사님의 지혜로운 태도가 인상적이었다. 집사님은 남편에게 자신의 필요를 구체적으로 표현했다.

"내가 하는 일이 가치 있는 일이라고 당신이 매일 내게 말해주세요."

이 간단하면서도 용기 있는 요청이 관계 회복의 중요한 첫걸음이 되었다. 남편 집사님은 아내의 요청에 귀를 기울였고, 이후 아내의 자녀 양육이 가치 있는 일임을 거듭 확인해 주었다.

부부의 진정한 소통은 배우자에게 나의 정보를 공유하고 도움을 요청하는 데 있다. 자기 상황을 인지하고 있다면, 감정을 진실하게 표현하고 필요한 지지를 요청하는 게 관계를 더욱 견고하게 만든다.

대화는 서로의 상태를 파악하는 탁월한 도구다. 좋은 대화는 옳고 그름에 대한 확신을 강화하기보다 서로를 더 알고 이해하도록 돕고, 서로의 필요에 민감하게 반응하게 만든다. 또한 부부 사이를 공감으로 이으며 서로를 향한 마음의 온도를 높여준다.

대화를 통해 내가 하고 싶은 말보다 상대의 말에 귀 기울일 때, 견고한 관계를 지속하는 힘을 공급받는다. 좋은 대화는 온전한 이해를 향한 지름길이자 오해를 줄이고 관계를 단단히 연결하는 열쇠다.

선물 같은 말, 대화

우리는 "대화를 준다"라고 하지 않고, "대화를 나눈다"라고 한다. 대화는 상대방이 받았을 때 기분 좋은 선물이 되어야 한다. 쓸모없는 물건은 선물로 나누지 않는다. 상대를 생각하고 그의 필요를 고민하며 준비하는 게 선물이다. 배우자에게 '말 선물'을 한 아름 안겨주는 마음으로 대화한다면, 그 어떤 선물보다 큰 기뿜을 줄 수 있다.

선물 같은 대화는 서로의 존재를 높여주는 말이 주재료다. 그래서 우리 부부는 절대로 "야", "너"처럼 하대하는 언어를 사용하지 않는다. 부부의 언어습관은 자녀에게도 영향을 준다. 아빠가 엄마를 존중하는 말과 태도를 통해 아이는 엄마를 존중하고 엄마의 권위를 인정해야 함을 배운다. 물론 엄마의 말과 태도도 아이가 아빠를 존경하게 하는 중요한 요인이다.

부부가 대화를 통해 서로 연결되는 또 한 가지 좋은 방법은 기도 제목을 나누는 것이다. 지금 자신의 마음 상태와 어떤 기도가 필요한지를 솔직하게 공유하며 '나'의 문제, 자녀 문제, 서로의 문제 등을 함께 기도할 때 부부의 대화는 성숙해진다.

대화에도 기술이 있고, 훈련이 필요하다. 가장 좋은 기술은 '경청'이다. 많은 소통 전문가가 비슷한 조언을 한다.

"대화하는 동안 내가 할 말을 생각하며 상대의 말을 듣는 건 최악의 대화법이다."

독일 작가 미하엘 엔데의 《모모》를 아이들에게 읽어준 적이 있다. 모모는 겉으로는 아무것도 내세울 것이 없는 아이다. 그러나 특별한 능력이 있다. 바로 사람들의 말을 진심으로 들어주는 것. 사람들은 모모가 자기 말을 진심으로 들어주는 것만으로도 자신이 중요한 존재가 된 것처럼 느꼈다. 모모처럼 편견 없이 상대의 말을 들을 줄 아는 건 특별한 능력이다. 이 능력을 얻기 위해 우리는 상대의 말에 귀 기울여야 하고, 마음으로 듣는 연습을 해야 한다.

심리상담가이자 문화심리학자인 박상미 교수는 《박상미의 가족 상담소》에서 경청(傾聽)과 공감(共感)이라는 단어에 같은 한자가 있는데, 바로 '마음 심'(心)이라고 한다. 상대의 말을 잘 듣는 건 귀가 아니라 마음이라는 거다. 이런 의미에서 대화는 기술보다 예술에 가까운 것 같다. 서로의 마음을 하나 되게 하는 태도의 예술 말이다.

경청하는 이유는 서로의 말이 서로에게 선물이 되기 위함이다. 관계가 막히지 않도록 서로의 말에 귀를 기울이는 것이다. 사실 경청은 쉽지 않다. 특히 요즘처럼 인격적이지 않은 스마트폰에 얼굴을 묻고 인격과의 대화를 거부하는 건 지양해야 할 모습이다.

우리는 스마트폰을 내려놓고 배우자의 눈을 바라보며 그의 말을 들어야 한다. '당신이 더 가치 있는 사람'이라는 것을 확인시켜 주어야 한다. 경청의 순간을 지켜내지 못하면, 부부는 대화의 단절뿐 아니라 관계의 미궁으로 빠져들 수도 있다.

하나님이 주신 귀를 열고 눈을 들어 배우자의 소리에 귀 기울일 때 부부의 대화는 식지 않는다. 우리 부부도 밤마다 다양한 대화를 나눈다. 늘 소통이 잘되는 건 아니지만 일상의 소소한 이야기나 각자의 필요와 요청 사항 등을 나누다 보면, 그 작은 이야기에서 건져 올린 깊은 관계의 맛을 음미하게 된다. 아내와 나는 서로

들을 준비가 되어 있기에 대화로 더욱 *끈끈하게* 연결된다. 말로
끝나지 않고 마음이 연결되어 삶으로 이어진다. 대화가 서로에게
선물이 된다면, 서로가 얼마나 소중한 존재인지를 더욱 깊이 느끼
게 될 것이다.

사랑하면 보인다

차를 타고 달리면 무심코 지나치는 풍경이 있다. 늘 같은 곳에
서 보던 산과 나무들. 봄이 오면 으레 꽃이 피고, 꽃이 지면 파릇
파릇 이파리가 나오는 게 당연한 이치라고 생각한다. 그래서 감
동하거나 감탄하지 않는다. 그러나 혹한을 이겨낸 앙상한 가지
에서 연녹색 이파리가 돋아나고 꽃이 필 때, 아내는 외친다.

"애들아, 신기하지 않니? 저렇게 마른 가지에서 어떻게 초록 잎
이 나올까!"

스쳐 지나칠 만도 한데 해마다 감탄한다. 아내는 만물에 깃든
하나님의 손길과 숨결을 보고 듣고 느낀다. 그 감탄은 이렇게 마
무리된다.

"하나님이 창조하시지 않았으면, 어떻게 저렇게 아름다울 수 있
어! 그렇지?"

사계절 똑같이 반복되는 자연은 새로울 게 없어 보인다. 하지
만 계절이 몰고 오는 자연의 변화무쌍함이 아내에게는 당연하지

않다. 그녀는 세상을 새롭게 보는 눈을 가졌다. 이것은 예수님의 시선이기도 하다.

주님은 들꽃을 입히시고 새들을 기르고 먹이시는 하나님의 다함 없는 은혜와 공급하심을 보셨다. 삶의 염려로 걱정하는 자기 백성의 필요를 공급해 주시는 하나님. 그분의 돌보시는 사랑이 사람뿐 아니라 자연에도 깃들어 있음을 예수님은 간과하지 않으셨다. 작고 초라한 피조물에 깃든 하나님의 섬세한 손길과 사랑을 보셨다.

막내 시온이가 이런 아내를 닮았다. 무심코 지나칠 수 있는 구름 한 조각에도 감탄하며 아름다운 자연을 사진으로 담아둔다. 하루는 작은 텃밭 앞에서 막내에게 물었다.

"씨앗은 누가 만들었을까?"

"하나님이 만드셨어요."

창조주 하나님을 고백하는 시온이의 작은 입술이 참 예뻐서 주님께 감사했다. 하나님께서 세상을 창조하신 것처럼 십자가의 사랑으로 시온이를 구속하시기까지 그 은혜가 이어지길 바라는 마음이다.

결혼 생활 이십일 년 동안 아내는 내게 새로운 눈을 선물해 주었다. 반복되는 일상에서 작은 변화를 찾고, 소소한 것에서도 하나님의 창조 신비를 발견하는 시선은 하나님이 창조하신 세상의 아름다움을 더 깊이 보게 하고, 그 사랑의 손길을 기억하게 했다.

사랑하면 보인다. 보여서 사랑하는 게 아니라 사랑하기 때문에 보이는 것이다. 사랑은 우리 시야를 열어준다. 하나님을 사랑할 때, 우리는 그분이 만드신 세상의 아름다움을 더욱 자세히 볼 수 있다.

사랑은 배우자를 바라보는 시선에 변화를 준다. 배우자의 숨은 희생과 작은 헌신이 소중한 선물로 다가오고, 그가 발전하고 노력한 흔적이 눈에 들어온다. 사랑하면 상대의 서툰 표현에서도 진실한 마음을 느낄 수 있고, 무심코 지나칠 수 있는 상대의 아픔에도 눈 뜨게 된다. 함께하는 식사, 대화, 손잡고 걷는 평범한 순간이 특별한 은혜로 다가온다.

자연의 경이로움을 발견하는 것처럼 사랑의 눈으로 배우자를 바라볼 때, 참 많은 것이 선물처럼 다가오고, 그 안에서 하나님의 사랑과 섭리를 깊이 경험한다.

우리에게 주신 매일의 은혜를 잊고 무감각하게 하는 것들에 저항하는 것이 영성이다. 이는 하나님이 주신 은혜를 기억하고 반응하며 표현하는 것이다. 아내는 그냥 지나칠 수 있는 모든 것에서 의미를 찾고 하나님의 사랑을 발견하는 영성이 있다.

여호와 우리 주여 주의 이름이 온 땅에 어찌 그리 아름다운지요 주의 영광이 하늘을 덮었나이다 시 8:1

멈춘 시간, 다시 흐르는 은혜

친정아버지가 심근경색으로 소천하신 지 정확히 칠 년째 되던 날, 공교롭게도 남편이 같은 심장 문제로 수술대에 올랐다.

처음 남편 심장에 문제가 있음을 알게 된 날, 우리는 아무 말 없이 서로를 끌어안고 한참을 울었다. 그때 남편은 "지금까지 십 팔 년 동안 행복하게 살게 해주신 것만으로도 감사합니다"라고 기도드렸다고 했다. 하지만 내 마음은 달랐다. 감사보다는 두려움이 컸다.

남편의 심장은 심각한 상태였다. 관상동맥 두 개 중 하나가 완전히 막혀 있었고, 관상동맥을 따라 인삼 뿌리처럼 이어져야 할 혈관이 보이지 않았다. 의사는 지금까지 아무 일 없이 살아온 게 기적이라고 했다. 당뇨도 없고, 술과 담배도 하지 않는데 보기 드문 일이었다.

급히 스텐트를 삽입하는 조영술이 진행되었고, 시술 도중 의료진이 보호자를 찾았다. 스텐트 시술은 비교적 흔하고 안전한 시술이어서 애써 걱정을 내려놓으려 했지만, 의료진은 CT에서 본 것보다 상황이 훨씬 안 좋다며 기계조차 혈관에 들어가지 않아 시술이 한 번에 끝나지 않을 것 같다고 했다.

그리고 중환자실에 며칠 있을 수도 있다고 했다. 응급상황이 발생하면 곧장 수술할 것이고, 위급 상황에 대비해 연명 치료 동의서에 서명해 달라고도 했다.

나는 서류를 보는 순간, 손이 떨려 이름을 쓸 수가 없었다. 가벼운 시술이 갑자기 남편의 생사가 걸린 일이 되어버렸다. 온 힘을 다해 눈물을 참았지만, 의사가 가고 난 후 모든 게 무너져 내렸다. 보호자 대기실에서 기다리는 시간이 영원히 계속될 것만 같았다. 시계 초침은 계속 움직였지만, 내 시간은 멈춰버린 듯했다. 차라리 시간이 멈췄으면 하고 바랐는지도 모른다.

남편이 없는 삶을 도저히 상상할 수 없기에, 이 순간이 현실이 아니길 바라는 마음뿐이었다. 나는 자리에 주저앉아 메마른 손을 꼭 쥐고 눈물로 기도했다. 동시에 너무 많은 생각이 소용돌이처럼 밀려왔다.

'남편 없이 사 남매를 잘 키울 수 있을까?'

'생계는 어떻게 감당해야 할까?'

'내 삶은 어떻게 달라질까?'

늘 내 곁에 있을 거라고만 생각했던 사람, 함께 늙어가리라 굳게 믿어온 사람. 남편이 늘 말하던 약속이 떠올랐다.

"우리 여든까지 손잡고 다니면서 연인처럼 살자."

남편의 목소리가 귓전을 울리는 듯했다. 아침마다 들리던 그의 발소리, 잠들기 전 나누던 소소한 대화, 그의 어깨에 기대던 포근한 순간이 아련히 떠올랐다. 다시 없을지도 모르는 보석 같은 시간이었다. 그러면서 이런 질문이 나를 짓눌렀다.

'나는 남편을 충분히 사랑하며 살았을까? 그와 함께하는 매 순

간을 소중히 여겼을까?'

한두 시간이면 끝난다는 시술은 좀처럼 끝나질 않았다. 내 불안은 커져만 갔다. 끝없는 생각과 기도가 이어지던 중, 나를 찾는 의료진의 목소리가 들렸다. 긴장하며 주치의를 마주했는데, 뜻밖에 그의 표정이 밝았다.

"사모님, 이런 말 해도 되는지 모르겠는데, 목사님이 좋은 일을 많이 하셨나 봐요?"

의사의 목소리에서 안도감과 기쁨이 느껴졌다. 그는 기대 이상으로 시술이 잘되었다며 상기된 얼굴로 기적 같은 상황을 설명했다. 남편은 원래 스텐트를 서너 개 넣어야 할 정도로 혈관이 완전히 막혀 심장이 멈췄어야 했는데, 심장 뒤쪽에 있는 작은 혈관을 통해 피를 공급받으며 버티고 있었다고 했다. 그리고 스텐트 하나가 들어가자 막힌 혈관들이 살아나기 시작하는 기적이 일어났다고 했다. 하나님께서 예비하신 '생명의 길'이었다.

의사는 시술 전과 후 영상자료를 남편에게 꼭 보여주라고 했다. 나는 그 자리에서 주체할 수 없이 눈물을 쏟으며 "할렐루야! 감사합니다"만 연신 외쳤다.

중환자실에서 하루를 보낸 남편은 삶과 죽음에 대해 많은 생각을 하며, 그 와중에도 여전히 가족 걱정을 했다고 한다. 가장, 목회자, 남편으로서 끝까지 책임을 다하려는 그의 모습에 가슴이 저렸다.

'얼마나 많은 짐을 혼자 감당하며 살아왔을까!'

하지만 나는 확신할 수 있었다. 하나님께서 남편을 살려주신 건 아직 감당할 사명이 있기 때문이라는 걸. 기적처럼 살아남은 게 아니라, 다시 살아갈 이유를 부여받았다는 사실을.

"심장이 다시 뛴 것도 기적이지만, 매일 알아서 뛰고 있는 심장이 더 기적이야!"

남편이 늘 되뇌는 말이다. 맞다. 우리는 기적을 바라고 구하지만, 정작 매일 경험하는 기적은 당연시한다. 남편이 내 곁에 살아 있는 것, 오늘도 아이들과 함께 웃을 수 있는 것, 아침에 눈을 뜨고 숨 쉴 수 있는 것이 모두 기적이다.

하마터면 잃어버릴 뻔했던 이 평범한 일상이 얼마나 큰 은혜인지 새삼 깨닫는다. 남편의 심장이 다시 뛰게 된 것도 기적이지만, 애초에 멈추지 않은 것도 기적이다.

우리는 종종 인생의 고비 앞에서야 감사를 깨닫는다. 하지만 아무 일도 일어나지 않았을 때 감사하는 것이야말로 더 큰 은혜가 아닐까! 특별한 기적을 바라는 대신, 이미 내 곁에 있는 기적을 기억하자. 매일 아침 들이마시는 공기, 사랑하는 이의 손을 잡았을 때 느껴지는 온기, 함께 나누는 저녁 식탁의 대화….

오늘도 기적의 시간이 흐르고 있다. 그 기적을 살아가고 있다.

부부의 온도를 높이는 '부부 작전 타임'

부부가 함께 성장하고 하나 되기 위해서는 솔직한 대화가 필수다. 하지만 바쁜 일상에서 깊은 대화를 나누는 건 생각보다 쉽지 않다. 일상의 짧은 대화만으로는 마음을 충분히 나누기 어렵고, 소통의 깊이가 얕아질 수 있다. 그래서 부부의 온도를 높이는 '부부 작전 타임'을 제안한다. 이 시간은 부부가 서로를 더 이해하고 존중하며 사랑을 표현하는 특별한 시간이 될 것이다.

부부 작전 타임은 다양한 방식으로 시작할 수 있다. 데이트하며 자연스럽게 이야기를 나눠도 좋고, 오롯이 둘만의 시간을 따로 정해도 좋다. 자녀가 잠든 밤, 차 한잔하며 조용히 대화하거나 마음이 힘들 때 먼저 다가가 작전 타임을 여는 것도 좋은 방법이다. 중요한 건, 서로의 눈을 보며 상대에게 온전히 집중하는 것이다.

이 시간을 통해 부부는 많은 것을 얻을 수 있다. 배우자가 원하는 사랑과 존중의 방식을 이해하고, 서로에게 상처 주는 습관이 무엇인지 깨닫고 바꿀 수 있다. 가정의 목표와 비전을 나누며 같은 방향을 바라보고 부부로서, 부모로서, 신앙인으로서 함께 성장할 수 있다. 무엇보다 이 시간이 부담이 아닌 기쁨이 되는 것이 가장 중요하다. 가정을 하나님 안에서 세워가는 부부 작전 타임을 시작해 보자!

부부 작전 타임 TIP

1. 방해받지 않는 편안한 공간을 선택하고, 디지털 기기는 멀리 두세요.
2. 질문을 하나씩 선택해서 차근차근 대화하세요.
3. 상대의 말을 끊지 말고 끝까지 들어주세요.
4. 판단하거나 가르치지 말고, 상대의 감정을 존중하며 공감하세요.
5. "고마워", "미안해"라는 말을 자연스럽게 표현해 보세요.
6. 한 질문으로 오래 이야기해도 좋고, 여러 질문을 가볍게 다뤄도 좋아요.
7. 대화를 마칠 때, 함께 손잡고 기도하세요.
8. '주 1회', '한 달에 2회' 등 시간을 정해 꾸준히 하세요.

2장

행복한 부부로 살아가기

결혼은 라이브다

백발 노부부가 손을 꼭 잡고 산책하는 모습을 본 적이 있다. 햇살 비치는 길 위에서 둘은 천천히 걸음을 맞추고 있었다. 주름진 손, 함께 걸어온 세월이 묻어나는 얼굴, 서로를 이해하는 듯한 눈빛. 마치 한 폭의 그림처럼 기억 속에 남아 있다.

'우리도 저렇게 아름다운 한 장면을 남길 수 있을까? 우리는 얼마나 많은 장면을 남기며 살아왔을까?'

문득 남편과 함께 지나온 희로애락의 순간이 스쳐 지나간다. 결혼은 라이브다. 사전 연습도, 재방송도 없다. 그 순간이 한 번 지나가면 되돌릴 수 없다.

처음 연애할 때는 상대를 배려하고, 예의를 갖추며, 사소한 말에도 신경을 쓴다. 하지만 결혼하고 시간이 흐르면, 그런 노력이 점점 희미해진다. 모든 게 당연하고 익숙하고 소홀해지면 사랑도 빛이 바랜다. 하지만 부부간에 '당연한 것'은 없다. 배우자를 오랜 친구처럼 편안하게 대하되, 처음 사랑했던 그 마음을 잃지 않는 것이 중요하다.

말 한마디, 표정 하나, 선택 하나가 모여 결혼이라는 라이브 무대를 만들어간다. 카메라도, 편집도 없는 이 무대에서 우리는 서로에게 가장 진실한 모습을 보여주게 된다. 서로를 존중하는 마음, 배려하는 행동, 따뜻한 시선이 쌓여 부부의 역사가 된다.

돌아보면, 우리 부부가 함께한 시간은 모두 라이브였다. NG도 많았지만, 그 모든 순간이 우리만의 이야기를 만들었다. 처음 만났을 때의 설렘, 결혼을 결심했던 순간의 확신, 아이들이 태어났을 때의 감동, 힘든 시간을 함께 견뎌냈던 인내는 모두 우리의 생방송 속 한 장면이었다.

> 그런즉 너희가 어떻게 행할지를 자세히 주의하여 지혜 없는 자같이 하지 말고 오직 지혜 있는 자같이 하여 세월을 아끼라 때가 악하니라
>
> 엡 5:15,16

부부 관계에서 가장 중요한 것은 '지금'이다. 우리는 종종 과거에 얽매이거나 미래를 걱정하느라 현재를 소홀히 한다. 과거의 상처를 반복적으로 끄집어내거나 불확실한 미래를 걱정하며 불안을 키운다. 하지만 우리가 살 수 있는 유일한 순간은 현재뿐이다.

결혼이라는 라이브 무대에서도 '지금, 이 순간'이 가장 중요하다. 어제의 실수를 후회하거나 내일의 완벽함을 기대하기보다 오늘 서로에게 줄 수 있는 최선의 사랑을 표현해야 한다.

함께 마시는 아침 커피 한 잔, 퇴근 후 주고받는 하루의 이야기, 손잡고 걷는 저녁 산책, 서로의 눈을 보며 나누는 진심 어린 대화, 가족이 함께 모여 드리는 가정예배, 이런 소소한 순간이 모여 우리의 결혼을 특별하게 만든다.

그러므로 내일 일을 위하여 염려하지 말라 내일 일은 내일이 염려할 것이요 한 날의 괴로움은 그날로 족하니라 마 6:34

막연히 상상하는 큰 행복을 위해 현재의 작은 행복을 놓치지 말자. '자녀가 다 크면', '은퇴 후에 여유가 생기면', '집을 마련하면' 하고 행복을 미루는 대신, 오늘 주어진 행복을 발견하고 누릴 때 가정이 변화한다.

서로의 눈을 바라보며 나누는 짧은 대화가 자녀 마음속에 부모의 사랑을 새기고, 바쁜 일정 중에도 배우자에게 보내는 따뜻한 문자 한 통이 하루를 지탱하는 힘이 된다. 온 가족이 모여 드리는 가정예배는 자녀를 영적으로 깊이 뿌리내리게 한다.

현재의 행복을 소중히 여길 때, 가족 간 대화가 진솔해지고 서로를 이해하는 깊이가 더해간다. 오늘 나눈 웃음은 내일의 어려움을 이겨낼 힘이 된다. 지금 나누는 진심 어린 위로는 평생 기억에 남는 사랑의 증거가 된다. 감사함으로 오늘을 살면 우리 자녀들은 행복이 멀리 있는 것이 아닌 일상에 있음을 배운다.

언젠가 우리 부부도 백발이 성성하여 주름진 손을 맞잡고 걸을 날이 올 것이다. 그때 우리의 뒷모습이 누군가에게 희망과 사랑의 한 장면으로 남길 바란다. 그 순간까지, 최선을 다해 우리만의 라이브를 만들고 싶다.

지금을 더 소중히 여기며 살아가자. 라이브 무대에 NG는 있지만, 편집은 없다. 그 무대를 주님이 감독하고 계신다. 때론 잠시 숨을 고르고, 때론 서로를 헤아리고, 때론 함께 기뻐하며 당신만의 시나리오를 써 내려가길 바란다.

말 한마디, 눈빛 하나가 만드는 행복

시간이 흐르면 배우자의 장점보다 단점이 부각되기 쉽다. 이전엔 사랑스럽던 말투나 습관이 짜증을 유발하는 요소가 되기도 한다. 하지만 시선이 변하면, 관계도 달라진다. 배우자의 장점을 찾아 칭찬하는 것은 사랑을 유지하는 가장 좋은 방법이다. 상대가 잘하는 것, 노력하는 것, 소중하게 여기는 것을 인정하고 존중할 때 부부는 더욱 가까워진다.

나는 남편이 기타 메고 찬양할 때, 양복 입고 설교할 때, 거실에서 무릎 꿇고 기도할 때 멋있어 보인다. 또 편안한 모습으로 청소기를 밀 때, 사과를 깎아줄 때, 내가 차려준 식사를 불평하지 않고 맛있게 먹으며 "고마워요"라고 말할 때, 묵묵히 재활용 쓰레기를 정리할 때, 운전하면서 내 피곤함을 먼저 생각해 줄 때, 아이들을 마음 다해 사랑할 때 그리고 화날 만한 상황에서도 침착하게 반응할 때… 이 외에도 모든 순간에 그가 멋져 보인다.

적다 보니, 남편이 어떤 행동을 해서가 아니라, 그 존재 자체를 사랑하기에 멋있게 보인다는 것을 깨닫는다. 사랑이 기초가 되면 작은 행동도 소중하게 다가온다. 엄마 눈에 어린 아기의 모든 것이 사랑스럽고 모든 행동이 용서되는 것처럼.

부부 관계에서는 '상대가 어떤 행동을 하느냐'가 아닌 '내가 어떤 시선으로 바라보느냐'가 중요하다. 배우자를 변화시키는 게 아니라 내 시선을 바꾸는 것이다. 배우자의 좋은 점을 발견하고, 그 모습을 존중하고, 감사하는 마음으로 바라볼 때 결혼 생활이 진정 행복해진다. 상대의 작은 배려, 사소한 행동 하나도 사랑을 담아 바라볼 때 부부는 더 가깝게 연결된다.

사랑에는 조건이 없다. 있는 그대로, 존재 자체를 사랑하는 것이다. 이 마음만 있다면 시간이 지나도 서로를 변함없이 사랑할 수 있다.

"아마추어는 걱정한 대로 살고, 프로는 상상한 대로 산다."

어느 날 라디오에서 이 말을 들었을 때, 나는 결혼 생활에도 적용할 수 있겠다는 생각이 들었다. 우리는 선택해야 한다. 서로를 향한 의심과 서운함을 품고 미래를 걱정하는 부부로 살 것인가, 아니면 서로를 믿으며 지금을 소중히 여기고 행복한 미래를 꿈꾸는 부부로 살 것인가?

하나님과 함께 살아가는 우리는 믿음으로 더 나은 미래를 그리며 걸어가야 한다. 물론 배우자와 함께 나이 드는 과정은 쉽지 않다. 서로의 변화를 받아들이고 함께 새롭게 도전하는 과정에서 많은 인내와 이해가 필요하다. 하지만 그 모든 과정이 우리만의 특별한 이야기를 만든다는 걸 기억한다면, 어떤 어려움도 우리를 갈라놓을 수 없을 것이다.

너희 안에서 착한 일을 시작하신 이가 그리스도 예수의 날까지 이루실 줄을 우리는 확신하노라 빌 1:6

하나님께서 이루신 가정이 그분의 손에서 끝까지 아름답게 쓰임 받길 기대한다. 오늘의 선택이 내일의 추억이 되고, 오늘의 사랑이 평생의 행복이 된다. 서로에게 진심 어린 사랑과 존중을 표현하며 하루하루 아름다운 기억을 쌓아가는 것이 부부가 성장하고 행복해지는 비결이다.

서로를 빛나게 하는 조연

나는 다양한 배움을 통해 에너지를 얻는 사람이다. 그래서 육아, 살림, 강의, 사역 등 다양한 역할을 하며 살아가고 있다. 배움에 대한 갈망이 일상에 길을 내고, 나를 새로운 세계로 이끈다.

배움은 내게 지식 이상의 의미가 있다. 삶에 생기를 불어넣어 나를 움직이게 하고 사랑할 힘을 주는 원동력이다. 책을 읽고, 강의를 듣고, 새로운 것을 배울 때 내 안에 에너지가 쌓이는 걸 느낀다. 그 에너지로 남편을 사랑하고, 아이들을 돌본다.

내 삶에 가장 큰 전환점이 된 배움의 시작은 바로 '303비전 성경 암송학교'다. 나는 당시 십육 개월 된 첫 아이를 양육하고 인터넷 쇼핑몰을 운영하며 바쁘고 치열하게 살고 있었다. 그런데 말씀 암송 훈련이 내 안에 특별한 열정을 불러일으켰다. 사업을 뒤로할 만큼 삶의 우선순위가 바뀌었다. 남편이 내가 이단에 빠진 줄 오해할 정도로 몰입했다.

나는 '이 길이다' 싶으면 직진하는 성격이어서 어떤 것도 내 열정을 막을 수 없었다. 그리고 나중에야 알았다. 말씀 암송이 내 삶을 바꾸고, 자녀를 양육하고, 지금의 사명을 붙드는 단단한 기초가 되었다는 것을. 내 안에 축적한 말씀이 오늘을 견디고 내일을 기대하게 하는 힘이 되었다. 삶의 뿌리가 되고 방향이 되었다.

그 후로도 배움의 여정은 계속되었다. 신앙의 기초가 단단히 세워진 만큼 더 넓고 다양한 영역으로 배움을 확장하고 싶었다. 그래서 기존 전공인 디자인과 전혀 무관한 '청소년 코칭 상담학'을 공부했고, 이십이 년 만에 다시 학사모를 썼다.

막내가 네 살 무렵이었기에 학업을 병행할 수 있을지 고민할 때, 남편이 용기를 주었다.

"자기는 잘할 거예요. 이 공부를 할 충분한 자격이 있어요. 그리고 준비되면 어떤 모양으로든 하나님께서 사용하실 거예요."

마음을 담은 그의 든든한 지지가 하지 못할 수많은 이유를 이 겨내게 했다. 어린 사 남매의 엄마, 아내, 사역자, 강사, 홈스쿨링 선생님을 병행하며 공부하는 게 쉽지 않았지만 남편이 곁에서 물 심양면 도와주었다. 그의 응원 덕분에 주어진 환경에서 최선을 다 해 즐겁게 공부할 수 있었고, 주님은 '과 수석'이라는 타이틀을 선 물로 주셨다.

졸업식 날, 나는 과 대표로서 남편과 함께 학위 증서와 동행 증 서를 받았다. 그 증서에 적힌 대로, 내 삶의 모든 과정에는 남편의 격려와 아낌없는 지지가 뒷받침되었다. 그가 동행해 주었기에 학 업의 길을 끝까지 걸을 수 있었고, 코칭을 더 깊게 공부할 수 있었 다. 나는 남편에게 늘 말한다.

"존경하는 자기 덕분에 내가 존재하는 거예요."

남편은 이 말에 기가 산다고 한다.

배우자의 성장을 응원하는 건 거창한 일이 아니다. 다정한 말

한마디, 따뜻한 눈빛, 격려하는 태도가 배우자의 에너지를 높이는 강력한 도구다.

우리는 종종 자신의 성장에 집중하느라 배우자의 성장을 놓치곤 한다. 하지만 행복한 부부는 서로를 빛나게 하는 조연이 된다. 조연은 주연을 빛나게 하는 존재다. 조연이 없다면 주연의 연기도, 극의 완성도도 반쪽에 그치고 만다. 조연은 결코 주연보다 덜 중요한 존재가 아니다. 오히려 조연이기에 더 깊은 사랑을 실천할 수 있고, 더 큰 그림을 그릴 수 있다. 부부 관계에서도 서로에게 조연이 되어줄 때, 둘 다 빛나는 주연이 될 수 있다.

요즘은 결혼해도 각자도생하는 부부가 많다. '나는 내 삶을 살테니, 당신은 당신 삶을 살아' 이런 생각이 점점 익숙해지고 있다. 하지만 부부는 함께 걸어가는 관계다. 하나님은 부부를 독립적으로 각자 살아가도록 창조하시지 않고, 서로에게 힘이 되고 넘어질 때 붙들어주는 동반자로 세우셨다.

배우자가 성장하는 걸 멀리서 지켜보며 '나는 나대로 잘해야지' 하는 게 아니라 돕고 응원할 때 진정한 연합을 이룰 수 있다. 사랑하는 배우자를 세워주기 위해 한 걸음 물러서는 것, 내가 높아지기보다 상대를 높여주는 것이 더 깊은 사랑을 만드는 길이다.

남편이 나를 응원해 주었듯이, 나도 그의 꿈과 목표를 위해 함께 기도하고, 격려하고, 지지하고 있다. 남편의 책《말씀 심는 아빠》출간에 가장 큰 응원과 지지를 보낸 사람이 바로 나다.

남편은 타고난 필력과 풍부한 자녀 양육의 지혜를 겸비했다. 나는 그가 '백은실의 남편'이 아닌 '저자 이형동'으로 세워지길 간절히 기도했고, 그 응답을 받았다. 남편이 자신의 재능을 마음껏 펼칠 수 있도록 지원하는 일은 내게도 큰 기쁨이었다.

서로를 위한 헌신은 결코 한쪽의 희생으로 끝나지 않는다. 한 사람의 성장이 가정을 풍요롭게 만들고, 그 사랑이 다시 배우자에게 흘러가기 때문이다. 남편이 성장하고 기쁨을 누릴 때 나오는 긍정적인 에너지가 자연스럽게 나와 아이들에게 전해진다. 그 선순환이 우리 가정을 더 건강하고 행복하게 만든다.

> 두 사람이 한 사람보다 나음은 그들이 수고함으로 좋은 상을 얻을 것임이라 혹시 그들이 넘어지면 하나가 그 동무를 붙들어 일으키려니와 홀로 있어 넘어지고 붙들어 일으킬 자가 없는 자에게는 화가 있으리라
>
> 전 4:9,10

부부는 서로를 빛나게 하는 조연이 될 때, 함께 아름답게 빛나는 주연이 될 수 있다. 물론 하나님이 우리 부부의 감독이시다!

부부 황금률

이십 대 후반에 미국에서 유학할 때, 크리스천 유학생 부부와 한집에서 지낸 적이 있다. 유학 생활 중 아이를 낳은 부부는 서로 사랑했지만, 아이를 돌보는 과정에서 겪는 여러 일로 다투곤 했다. 물론 두 사람의 삶에 쑥 들어온 새 생명에 적응하느라 마찰이 있는 것은 자연스러웠다. 하지만 계획이 없던 아이가 문제가 아니라, 아이를 양육하는 부부의 태도가 다툼의 주 원인이었다.

"지난번에는 내가 했으니, 이번에는 당신 차례야."

이렇게 서로 미루다 보니 아이 보살피는 일을 귀찮아하며 다툼이 그치질 않았다. 부부는 아이뿐 아니라 배우자를 사랑하고 섬기는 방법도 서툴러 보였다. 크리스천 부부였지만 예수님이 가르쳐주신 사랑과는 거리가 멀었다.

우리 교회는 몇 가정이 모여 함께 예배드리는 작은 공동체다. 믿음 위에 세워진 가정은 하나님의 사랑으로 충만하다. 이들을 보면 공통점이 있다. 함께 자녀를 양육하며 생기는 자잘한 일을 서로 미루지 않는다. 아이 기저귀는 먼저 발견한 사람이 갈아주고, 힘에 부치는 일은 남편이 기꺼이 감당한다.

서로의 요구에 순응할 뿐 아니라 '내가 먼저' 감당하려는 태도를 어렵지 않게 볼 수 있다. 이는 예수님이 가르쳐주신 황금률의 말씀을 부부 관계에 적용할 때, 그 가정에 하나님의 아름다움이 얼마나 드러나는지를 보여주는 산 증거다.

> 그러므로 무엇이든지 남에게 대접을 받고자 하는 대로 너희도 남을 대접
> 하라 이것이 율법이요 선지자니라 마 7:12

'황금률'로 알려진 이 말씀은 단순히 대접받은 만큼 되돌려 주라고 가르치지 않는다. 오히려 받길 원하는 대로 먼저 대접하라고 한다. 이 가르침은 수동적 반응이 아닌, 받고 싶은 방식으로 먼저 행동해야 하는 적극적인 명령이다.

여기서 대접의 기준은 '내가 받고자 하는 마음'에서 비롯된다. 이는 상대가 나를 어떻게 대하든 상관없이 내가 대접받고 싶은 대로 상대를 대해야 한다는 의미다. 이 말씀을 율법과 선지자의 강령이라고 한 것은 구약의 핵심인 "네 이웃 사랑하기를 네 자신과 같이 사랑하라"(레 19:18)를 더 구체화해 몸으로 살아내도록 하기 위함이다.

죄성을 가진 인간은 대접을 하기보다 받는 것에 더 익숙한 이기적인 존재다. 그런 인간의 현실을 잘 아시는 예수님은 이 말씀을 통해 받아야만 대접하는 인간의 본성에 일침을 가하고 참된 사랑의 가르침을 넣어주셨다.

황금률의 일차적 적용 대상은 배우자다. 받을 사랑에 여념이 없기보다 내가 먼저 상대를 사랑하는 것이 부부 황금률의 가르침이

다. 이에 따라 가정에서는 작은 사랑의 실천부터 시작할 수 있다.

우리 집은 정리 정돈이 쉽지 않다. 흐트러져 있는 빨래나 집안 살림을 수시로 치우지만, 치워도 치워도 끝이 없다. 나는 외출하고 돌아오면 집 안 구석구석을 돌아본다. 아내와 아이들 눈을 피해 버티고 있는 수많은 잔일이 내 눈에는 선명하게 들어온다. '보이는 것이 은사'라는 말은, 먼저 본 사람이 먼저 실천하고 섬기고 사랑하라는 의미일 것이다.

쌓인 빨래가 보이면 주저하지 않고 빨래를 모아 세탁기에 돌린다. 건조기 먼지 필터 청소는 잘 보는 은사를 가진 내 몫이다. 설거지가 눈에 들어오면 열심히 그릇을 닦고(느린 탓에 대부분 아내 몫이지만) 쓰레기통이 가득 차면 종량제 봉투에 담는다. 아내와 아이들도 작게나마 자기 눈에 띄는 일을 실천한다. 집에서 누군가 치워주기를 원할 때, 내가 먼저 치우는 것은 황금률의 작은 실천이다.

부부 황금률은 '조건 없는 사랑'을 서로에게 실천하라고 주신 말씀이다. 이는 예수님이 "네 이웃을 네 몸과 같이 사랑하라"라고 하신 말씀과 맥을 같이한다. 유대 철학자 마르틴 부버도 "네 이웃을 사랑하라. 그 이웃이 너와 같기 때문이다"라고 말했다.

부부의 사랑에는 조건이 없어야 한다. 조건이 개입하면 사랑의 의미가 퇴색된다. 조건적 사랑은 둘 사이 순수한 연결을 가로막는다. 부부 생활에서 가장 큰 적은 '이만큼 대접받아야 나도 대접할 것'이라는 수지 타산적인 태도다. 황금률은 사랑이 수반되어야 하고 부부가 진정한 연합을 이루기 위해 실천해야 할 가장 기본적인 덕목이다.

조건 없는 사랑이 가능한 이유는 아내와 남편이 존재 자체로 사랑받을 조건을 갖고 태어났기 때문이다. 바로 '하나님의 형상'이다. 우리는 삼위 하나님의 형상대로 지음 받은 존재이기에 그 자체로 사랑받을 자격이 있다. 비록 죄로 인해 아름답고 존귀한 가치를 상실했지만, 우리는 십자가를 통해 하나님의 형상을 회복했을 뿐 아니라 더욱 영화로운 존재로 나아가게 되었다.

십자가의 사랑을 경험한 사람은 충분한 사랑을 베풀어도 사랑에 허기지지 않는다. 하나님으로부터 가득 채워진 사랑은 보낸 사랑만큼 돌아오지 않아도 마음의 힘이 달리지 않기 때문이다.

받고 싶은 사랑의 본능을 꺾고 배우자를 대접할 때, 서로의 관계가 더욱 깊어진다. 그 방법은 간단하다. 받고 싶은 사랑을 배우자에게 먼저 표현하면 된다.

부부 관계의 적은 당연함이다

배우자의 가치를 흐리게 만드는 가장 큰 적은 '당연함'이다. 당연함은 소중한 것을 가치 없게 만들고, 빛나는 존재의 빛을 가린다. 가족을 위해 수고하는 배우자의 노력과 헌신과 희생을 '당연한 일'로 여기는 마음은 결혼이 주는 관계의 풍성함을 앗아가는 마취제다. 일상이 마찰 없이 흘러갈 수 있는 이유는 삶의 많은 영역을 기꺼이 책임져 주는 배우자가 있기 때문이다. 남편과 자녀를 위한 아내의 수고와 헌신은 자기 삶을 떼어준 결과물이다. 이를 잊어서는 안 된다.

당연함으로 빛바랜 '결혼'이라는 선물의 가치를 회복할 방법이 있다. '감사'야말로 당연한 것이 없음을 고백하는 최고의 표현이다. 게리 토마스는 《결혼 수업》에서 부부가 결혼 후 첫날 아침에 해야 할 첫 번째 결심을 다음과 같이 권면한다.

"어제 당신이 자신을 내게 주기로 서약했으니, 나는 과분한 선물인 당신을 위해 남은 평생 계속 감사하며 살겠습니다."

결혼 생활을 하다 보면, 이 말에 전적으로 동의할 수밖에 없음을 알게 된다. 배우자에게 늘 감사 표현을 하는 부부와 그렇지 않은 부부의 삶의 질은 극명하게 차이 나기 때문이다.

결혼 후, 나는 아내를 향한 고마움의 표현을 놓치지 않았다. 특히 결혼 초부터 지금까지 맛있는 식사를 준비해 준 아내에게 변함없이 고맙다고 말해 왔다. 아내는 신혼 때부터 요리를 탁월하게 잘했는데 한 번에 두세 가지씩 음식을 만들었다. 가족들은 아내가 준비한 식탁에 둘러앉아 늘 정다운 대화 꽃을 피운다.

홈스쿨링 하는 아이들의 배꼽시계는 언제나 정확하다. 그에 맞춰 삼시세끼를 준비해야 하는 아내는 불평 한마디 하지 않는다.

‘무반응’은 일상의 은혜를 희석하는 적이다. 그래서 나는 식탁에서 아내에게 “고마워요”, “정말 맛있어요”라고 진심을 담아 고마움을 전한다. 이는 아내의 헌신에 대한 감사 표현이다. 그러자 아이들도 자연스럽게 엄마에게 감사를 표현한다.

살다 보면 감사할 일이 있어서 감사하기도 하지만, 감사하는 마음을 가질 때 감사할 일이 찾아오기도 한다. 때론 부부 사이가 무료하고, 감정적 동요가 없고, 메마른 듯해도 감사 한마디가 흑백사진에 색깔을 입히듯 관계에 생기를 되찾아 줄 것이다.

게리 토마스의 말처럼 나와 결혼할 의무가 없는데도 나와 결혼해 주고, 항상 동행해 주는 아내가 있어 지금의 내가 존재한다. 예수님이 교회를 위해 자신의 생명을 주신 것처럼 아내는 내 모든 삶을 쏟아부어도 아깝지 않은, 가장 소중한 존재다.

배우자의 작은 배려에도 고마움을 표현하는 사람만이 ‘당연함의 덫’에 걸리지 않으며 더 친밀하고 행복한 부부 관계를 누릴 수 있다.

기억하라, 세상에 당연한 건 없다! 오늘 당장 사랑하는 배우자에게 고마움을 표현해 보자.

범사에 감사하라 이것이 그리스도 예수 안에서 너희를 향하신 하나님의 뜻이니라 살전 5:18

결핍을 통해 얻는 풍성한 부부 생활

연애할 때는 눈에 콩깍지가 썼다고 한다. 이는 상대에 관한 객관적 판단 능력을 감정에 빼앗긴 상태를 말한다. 하지만 결혼은 연애가 아니다. 결혼하는 순간, '이 사람이 그 사람이 맞나' 싶을 정도로 서로의 낯선 모습을 매일 발견한다.

상대의 낯선 모습이 보이는 건 수용(受容)을 연습하라는 신호다. 서로를 알아가는 일에는 왕도가 없다. 천천히 가더라도 바르게 가야 한다. 주위에선 서로 좋은 것만 보면서 살라는 조언도 많이 한다. 하지만 이건 결국 나 편하자고 하는 행동에 지나지 않는다. 부부는 좋은 것만 가려 보는 관계가 아니다. 결혼에는 배우자의 존재와 인격, 그가 가진 모든 장단점이 포함된다는 사실을 잊어서는 안 된다.

상대의 좋은 면뿐 아니라 고통과 아픔까지도 결혼이라는 울타리 안에 포함된다. 이는 다름 아닌 배우자인 내가 보호하고 보완해 줄 영역이다.

나는 첫 주례를 설 때, 신랑 신부에게 이 얘기를 했다.

"상대의 장점뿐 아니라 단점도 보세요. 사랑은 상대의 장점보다 연약함을 통해 더욱 선명해집니다. 사랑에 빠지면 처음에는 서로의 좋은 점만 봅니다. 그러나 처음부터 상대의 연약함을 찾아볼 것을 권합니다. 그 이유는 배우자를 판단하고 정죄하기 위함이 아닌 보완해 주기 위함입니다.

기억하세요. 결혼은 상대가 지닌 아픔과 연약함까지도 감싸 안는 겁니다. 이것이 결혼을 아름다운 관계로 발전시키는 디딤돌이 될 것입니다."

성경은 상대의 연약함과 부족함을 내 책임으로 받아들이고, 자기 유익보다 그를 먼저 배려하라고 가르친다. 이를 작은 교회인 가정에서 부부가 서로에게 적용할 때, 관계 안에서 누리는 은혜를 경험할 수 있다.

하나님께서 만드신 최초의 부부는 서로의 연약함이나 부족함을 채워주는 관계에 머물지 않았다. 상대의 결핍에 대한 '채움'이나 '보완'으로 끝나지 않고, 더 풍성한 관계를 누리게 하기 위함이었다.

하나님은 창조를 통해 기쁨을 마음껏 표현하셨다. 말씀대로 창조된 세상을 향해 "보시기에 좋았더라"라고 하셨다. 당신의 형상대로 창조된 인간에게도 "보시기에 심히 좋았더라"라며 감탄하셨다. 그러나 얼마 못 가 "좋지 아니하니"라는 표현이 등장했다.

> 여호와 하나님이 이르시되 사람이 혼자 사는 것이 **좋지 아니하니** 내가 그를 위하여 돕는 배필을 지으리라 하시니라 창 2:18

홀로 있는 아담이 보기에 좋지 않으셨다. 하나님의 시선은 마치 결혼 적령기가 훌쩍 넘어 외로워 보이는 아들을 향한 부모의 시선과 닮았다.

그러나 하나님의 이 말씀은 아담을 탓하거나 문제 삼으려는 것이 아니라 그를 위해 새 일을 행하려는 마음을 표현하신 거였다. 당신의 형상을 닮은 새로운 창조물을 통해 아담의 부족함을 채우시겠다는 하나님의 의지였다.

물론 하나님께서 아담을 창조하신 후 심히 좋았다고 하셨으니 아담 자체가 불완전하게 창조된 것은 아니었다. 아담의 부족함은 불완전이나 결함이 아닌 관계를 통해 누리는 풍성함의 결여였다.

하나님은 깊이 잠든 아담의 갈빗대를 취하여 하와를 창조하시고, 그녀에게 "돕는 배필"이라는 역할을 부여하셨다. 이때 '돕는다'라는 말은 하나님이 인간을 도우실 때 사용하는 어휘다. 같은 단어를 하와에게 사용하셨다는 건 특별한 의미가 있다.

하와는 아담의 부족함을 메우는 보조적 역할이나 단순 조력자가 아니었다. 그녀는 아담을 도와 관계에서 오는 풍성한 기쁨을 누리게 하는 존재로 지음 받았다. 함께 창조의 기쁨을 누리며 온전한 연합을 이룰 목적으로 지어진 아담의 동반자였다.

그러나 안타깝게도 아담의 범죄 이후 우리는 하나님과의 관계가 단절되었고, 그 결과 삶의 전 영역에서 온전함을 잃었다. 풍성함의 부족 정도가 아닌 타락으로 인해 하나님과의 관계는 물론이요, 인간과의 관계도 온전할 수 없게 되었다.

우리는 완벽한 존재가 아니라 완성되어야 할 존재다. 스스로 완전할 수 없으며 하나님의 은혜 안에서 성장하고 변화해야 할 존재다.

부부로 완성되기 위한 출발선은 '십자가'다. 십자가를 통과한 부부는 가장 먼저 회복된 하나님과의 관계 안에서 서로의 관계가 이어지는 은혜를 경험한다. 십자가 안에서 관계가 견고하면 상대의 허물을 덮고도 남는 사랑을 공급받는다. 그 사랑을 통해 서로의 결핍을 보완할 뿐 아니라 풍성한 관계에서 오는 기쁨을 누릴 수 있다.

배우자의 연약함이 보일 때, 그 연약함을 관통하는 하나님의 사랑을 기대하자. 배우자에게 있는 아픔과 상처와 결핍은 하나님이 그것을 통해 일하실 여지를 남겨놓으신 것이기 때문이다. 그 여지의 중심에 있는 사람이 바로 배우자인 나 자신이다.

부부는 완성된 존재가 아니다. 두 연약한 죄인이 만나 십자가의 사랑을 통해 하나 되어야 하는 관계다. 그 과정에서 하나님은 아내의 아픔을 남편을 통해 어루만지길 원하시고, 남편의 결핍을 아내를 통해 채우길 원하신다. 그 이유는 사랑과 긍휼과 용서의 완성인 십자가가 부부 생활의 시작이요, 기준이기 때문이다.

믿음이 강한 우리는 마땅히 믿음이 약한 자의 약점을 담당하고 자기를 기쁘게 하지 아니할 것이라 롬 15:1

행복한 부부로 살기 위한 부부 작전 타임

결혼은 라이브다

1. 결혼 생활에서 가장 특별하고 행복했던 순간은 언제였나요? 그 이유는 무엇인가요?

2. 배우자를 처음 만났을 때와 비교해서, 지금 서로에게 보이는 예의나 태도에 어떤 변화가 있나요?

3. 최근 나의 어떤 말이나 행동이 배우자를 아프게 하고, 기쁘게 했나요? 솔직하게 나눠봅시다.

4. "오늘의 말 한마디, 표정 하나가 모여 결혼이라는 라이브 무대를 만든다"라는 문장처럼, 오늘 배우자에게 전하고 싶은 말은 무엇인가요?

5. 과거에 얽매이거나 미래를 걱정하느라 현재를 소홀히 한 적이 있나요? 지금 이 순간, 배우자에게 최선의 사랑 표현을 해보세요.

말 한마디, 눈빛 하나가 만드는 행복

1. 배우자의 어떤 모습이 가장 매력적인가요? 그 이유는 무엇인가요?

2. 배우자의 장점을 칭찬하기가 왜 어려운가요? 서로에게 더 자주 칭찬하기 위한 노력을 하나씩 결단해 보세요.

3. 나의 어떤 말이나 행동이 배우자에게 큰 힘이 되었다고 생각하나

요? 반대로 가장 상처를 준 말은 무엇이었나요?

4. 나는 배우자를 존재 자체로 사랑하나요, 아니면 배우자가 무엇을 해서 사랑하나요? 최근 나의 모습을 돌아봅시다.

5. 서로를 대하는 태도에서 개선하고 싶은 부분은 무엇인가요? 더 건강한 관계를 위해 어떤 변화가 필요할까요?

서로를 빛나게 하는 조연

1. 배우자에게 가장 감사했던 순간은 언제였나요?

2. 배우자가 나의 어떤 꿈과 목표를 응원해 주길 바라나요? 배우자가 어떻게 도와주길 바라나요?

3. 배우자의 성장을 위해 내가 양보하거나 희생했던 경험이 있나요? 그때 마음이 어땠나요?

4. "조연이 빛날 때 주연도 빛난다"라는 말에 동의하나요? 부부 관계에서 이 말을 어떻게 적용할 수 있을까요?

5. 배우자의 꿈과 성장을 돕기 위해 앞으로 어떤 역할을 해주고 싶나요? 구체적으로 어떤 지원과 응원이 필요할까요?

부부 황금률

1. "내가 대접받고 싶은 대로 먼저 대접하라"라는 황금률을 부부 관계에 적용한다면, 당신은 어떤 방식으로 대접받고 싶은가요?

2. 집안일을 분담할 때 불공평하다고 느낀 적이 있나요? 공평하게

나눌 방법을 함께 고민해 보세요.

3. 작은 집안일을 먼저 발견하고 실천한 경험이 있나요? 그때 마음이 어땠나요?

4. 집안일이나 자녀 양육을 배우자에게 미룬 적이 있나요? 그것을 황금률의 관점에서 어떻게 해결할 수 있을까요?

5. 부부 생활에서 조건 없는 사랑을 실천하기 가장 어려운 상황은 언제인가요? 어떻게 극복할 수 있을까요?

부부 관계의 적은 당연함이다

1. 배우자의 노력이나 섬김을 당연하게 여기고 있지는 않나요? 그 노력에 고마움을 표현한 적은 언제였나요?

2. 당연한 것은 없다는 말에 동의하나요? 부부 관계에서 당연시했던 것은 무엇인가요?

3. 오늘이 배우자와 보내는 마지막 하루라면, 어떤 순간이 가장 그리울 것 같나요? 그 순간을 지금 충분히 누리고 있나요?

4. 배우자에게 감사를 표현하는 나만의 방법은 무엇인가요? 앞으로 더 자주 감사를 표현하기 위해 어떤 노력을 할 수 있을까요?

5. 결혼 생활에서 소중하지만 쉽게 간과하는 건 무엇인가요? 그것을 소중히 여기기 위해 어떤 노력을 할 수 있을까요?

결핍을 통해 얻는 풍성한 부부 생활

1. 처음에 배우자의 어떤 부분이 부족해 보였나요? 지금은 그것이 오히려 관계를 풍성하게 만든다고 느끼나요?

2. 나의 어떤 연약함을 배우자가 품어주고 있나요? 그에 대해 어떤 마음이 드나요?

3. "사랑은 배우자의 장점보다 연약함을 통해 더욱 선명해진다"라는 말에 동의하나요? 어떤 경험이 이를 뒷받침하나요?

4. 서로의 다른 성격이나 습관이 충돌할 때, 그것을 서로를 보완하는 기회로 보려면 어떤 마음가짐이 필요할까요?

5. 부부가 함께 성장하기 위해 어떤 부분에서 서로를 더 이해하고 품어주어야 할까요?

3장
지혜로운 부부 싸움

이기지 말고 이해하기

때로 불쑥 떠오르는 기억이 있다. 원 가정의 아픔이 마치 오래된 영화의 한 장면처럼 스쳐 지나갈 때면, 나는 그날의 어둠과 절망을 다시 마주한다. 술 때문에 늘 고성이 오가던 집에서 나는 혼자 살아남는 법을 배웠다.

이십일 년의 결혼 생활 동안, 우리는 지혜롭게 싸우려 애썼다. 마치 어린아이가 걸음마를 배우듯 넘어지고 비틀거리면서. 자녀 앞에서조차 그 원칙을 지키려 했다. 과거의 상처가 현재에 물들지 않도록.

다름과 틀림 사이에서 우리는 자주 헤맨다. 이해의 틈이 벌어질 때마다 말의 온도는 점점 서늘해지고 어김없이 '과거'라는 손님이 찾아온다.

화해의 물꼬는 봄날에 눈 녹듯 자연스레 트여야 한다. 《그 여자가 간절히 바라는 사랑, 그 남자가 진심으로 원하는 존경》을 쓴 에머슨 에거리치의 말처럼 더 잘못한 사람이 아닌, 더 성령 충만한 사람이 화해의 물꼬를 트는 것이다. 더 성숙한 사람이 먼저 화해의 손을 내민다는 말이다. 그는 하나님이 주신 말씀에 더 빠르게 반응한다. 이는 마치 새벽이슬이 아침 햇살에 자신을 내어주듯 말씀에 반응하는 자연스러운 일이다.

부부 싸움에서 가장 큰 적은 '감정'이다. 인간이 느끼는 모든 감정은 자신을 보호하기 위한 선물이기도 하지만, 때론 자신을 속여 화해를 가로막는 걸림돌이 되기도 한다. 이런 맥락에서 가장 큰 문제는 말씀이 아닌 감정의 지배를 받는 것이다. 말씀의 영향력을 감정에 내어주면 감정이 우상이 된다. 이는 부부 싸움의 실제 원인이 본질을 왜곡시킨 증폭된 감정에 있다는 걸 인식하지 못하기 때문이다.

우리를 지배하려는 왜곡된 감정에 가장 많은 에너지를 공급하는 것은 '자존심'이다. 부부 싸움은 종종 잘잘못을 가리는 논쟁에서 자존심 대결로 변질되어, 화해의 실마리를 찾지 못한 채 미궁으로 빠져든다. 더 큰 문제는 자신의 자존심을 지키기 위해 옳고 그름을 따지다 보면, 정작 사랑하는 사람을 보호하지 못한다는 점이다.

부부 싸움에 필요한 것은 자존심이 아니라 '자존감'이다. 영적 자존감이 높은 사람은 감정과 환경에 상관없이 자기 정체성을 지켜낸다. 하나님께서 허락하신 부부로서의 정체성, 즉 상대는 이겨야 할 대상이 아닌 품고 사랑해야 할 대상임을 안다. 그리고 정작 이겨야 할 대상은 상대가 아니라 '나'임을 안다.

특히 남편은 아내를 "연약한 그릇"으로 귀히 여기며 보호할 의무가 있다(벧전 3:7). 그래서 좋은 관계일 때만이 아니라 갈등 상황에서도 똑같이 의무를 다해야 함을 기억해야 한다.

영적 자존감이 높은 사람은 먼저 화해의 손을 내밀어도 자존심에 타격을 받지 않는다. 지는 게 아니라 말씀에 순종하는 것이기 때문이다. 관계를 무너뜨리는 감정의 덫을 말씀으로 제거하고 모든 감정을 말씀의 권위에 복종시킬 때, 화해의 길로 들어설 수 있다. 먼저 용서하고, 용납하고, 품는 사람이 더 성숙하다.

"내가 자기 마음을 헤아리지 못했네. 정말 미안해요."

이 한마디는 마치 봄바람 같아서 절대 녹지 않을 것처럼 꽁꽁 얼어붙은 마음을 살며시 녹여준다. "서로 용납하여 피차 용서하되"(골 3:13)라는 말씀처럼 부부는 서로의 불완전함을 품어 안아야 한다. 하늘이 대지를 품듯이, 바다가 강물을 수용하듯이 말이다.

부부는 이기기 위해 상대와 싸우지 말고 이해하기 위해 자신과 싸워야 한다. 이기는 싸움보다 이해하는 싸움이 서로에게 상처를 주지 않을뿐더러 빠른 화해와 관계 회복을 가져온다. 부부(가족)

사이에 이기는 싸움은 없다. 반드시 모두를 패배자로 만든다.

'과거'라는 무거운 짐을 내려놓고, '현재'와 '미래'라는 창을 함께 닦아나가는 것이 우리 부부가 이십일 년을 걸어오며 배운 작은 지혜다. 우리는 서로를 위해 약속한다. 과거를 소환하지 않겠다, 현재에 충실하겠다, 서로의 마음을 더 깊이 이해하겠다, 아이들에게 행복한 부부의 모습을 선물로 남기겠다고. 이 약속들이 모여 우리 삶을 조금씩, 그러나 확실하게 변화시키고 있다.

과거 소환 금지

결혼 초에 겪었던 다툼을 돌이켜보면, 한두 가지 사건을 제외하고는 잘 기억나지 않는다. 다툰 원인이 그리 중요하지 않았기 때문이다. 많은 경우, 부부 싸움의 원인은 깃털처럼 가볍다. 갈등할 가치가 없는 사소한 일로 언쟁을 벌이는 경우가 많다.

그런데 문제는 가벼운 이유로 시작한 다툼이 지나간 자리에 상처가 남는 것이다. 신혼 때뿐만 아니라 시간이 지나도 갈등이나 싸움의 원인이 참 작고 사소하다는 것을 인식하지 못하는 부부가 많다. 나도 차라리 잊었으면 하는 부부 싸움의 초라한 원인이 생생하게 기억나서 부끄러울 때가 있다.

나와 아내는 연애 시절엔 미처 몰랐던 배우자의 미지의 영역을 결혼 생활을 시작하며 하나씩 탐험하기 시작했다. 낯선 모습에 적응이 서툰 나는, 연애할 때는 몰랐던 상대의 숨은 모습과 나와 다른 삶의 방식을 발견할 때마다 수용하고 맞추는 게 쉽지 않았다. 별거 아닌 것처럼 보이는 모든 게 갈등의 원인이 되었다.

관계가 회복되지 않은 부부 싸움은 두 사람 사이를 더욱 위태롭게 한다. 우리는 싸우지 않기 위해서도 노력했지만, 갈등의 농도를 줄이기 위해 갈등 상황에서도 서로에게 최대한 상처 주지 않도록 원칙을 세웠다.

"지난번에도 그러더니….'

이 한마디를 뱉는 순간, 시간은 거꾸로 흐르기 시작한다. 보이는 건 빙산의 일각일 뿐, 수면 아래 깊숙이 잠들었던 상처가 하나둘 깨어난다. 그래서 우리 부부는 "당신은 항상(맨날) 그래"와 같은 말은 아무리 화나도 입 밖에 내지 않기로 했다.

'항상'이나 '맨날'은 내가 느끼는 부정적 감정의 감옥에 배우자를 꼼짝달싹 못 하도록 가두고, 그가 지금까지 한 노력까지도 부정하는 의미로 전달된다. 그래서 이 말을 들은 배우자는 기가 막힐 정도로 억울하다. 상대를 위한 그동안의 노력이 아무 가치 없는 행동으로 내몰리는 듯한 감정에 갇히기 때문이다.

나 곧 나는 나를 위하여 네 허물을 도말하는 자니 네 죄를 기억하지 아니하리라 사 43:25

과거를 소환하지 않는 삶은 매일 아침 새로 쓰는 일기와 같다. 우리는 어제의 아픔이 오늘의 기쁨을 덮지 못하게 하고, "뒤에 있는 것은 잊어버리고 앞에 있는 것을 잡으려"(빌 3:13) 노력해야 한다.

사과할 때는 무조건 자신이 잘못한 것만 언급해야 한다. 사과하면서 상대의 잘못을 들먹이는 건 오히려 고통스러운 상황을 초래한다. 사과는 맑은 물처럼 순수해야 한다. 진심 어린 사과는 상대의 마음을 씻어준다. 서로에게 돌이킬 수 없는 상처를 주지 않기 위해서는 하고 싶은 말보다 하지 말아야 할 말을 삼가는 것이 더 중요하다.

상대의 감정을 건드리는 단어나 과거의 상처를 연상하게 하는 말은 화해로 가는 길목을 막는 벽이다. 박상미 교수의 《박상미의 가족 상담소》에 이런 글이 있다.

"잘 지내는 부부들은 '사랑해', '고마워'라는 말을 많이 하기보다 상대가 듣기 싫어하는 말을 하지 않으려고 무척 애쓴다."

슬기로운 부부 싸움은 해야 할 것보다 하지 말아야 할 것을 지켜내는 것이다.

우리 부부가 철통같이 지키는 또 하나의 싸움 원칙은 '아이들 앞에서 싸우지 않기'다. 부부 싸움으로 인해 자녀에게 왜곡된 하나님의 형상을 심어줄 수 있기 때문이다. 부모는 자녀의 삶을 가장 선명하게 비춰주는 거울이다. 많은 자녀가 부모의 말과 삶이 달라서 힘들어한다. 부모가 입술로는 하나님의 사랑과 복음을 말하지만, 실제로는 다투고 분열된 모습을 보이면, 자녀는 하나님에 대한 부정적인 인상을 갖게 된다. 부모의 불화는 자녀 마음에 '불안'이라는 감정으로 자리 잡는다.

부부의 행복한 모습은 서로에게뿐 아니라 자녀에게 줄 수 있는 최고의 선물이다. 물론 늘 행복한 모습만 보여주기는 어렵지만, 최소한 서로 다투거나 비난하는 모습을 보여주지 않으려는 노력은 필요하다.

우리 부부는 혹여 아이들 앞에서 다툴 일이 생기면 소리 없이 싸운다. 바닥난 감정을 드러내지 않기 위해 문자나 카톡으로 다투곤 한다. 때론 결론이 나지 않을 때도 있지만, 두 사람이 지혜롭게 싸우기 위해 선택한 방법이다. 아이들은 우리가 어떤 상황인지 모른 채 평소처럼 우리에게 도움을 요청하기도 한다.

나와 아내는 자신의 거친 감정을 아이들에게 쏟아붓지 않으려고 노력해 왔다. 부부 사이에서 발생한 감정을 자녀에게 배설하는 것은 자녀를 감정 쓰레기통으로 만드는 일이기 때문이다.

자녀에게 담아야 할 건 감정 묻은 상처가 아닌, 하나님의 사랑이다. 행복한 부모 슬하에서 자란 자녀는 행복한 삶을 꿈꾸게 된다. 그러니 지혜로운 부부라면 다투는 순간에도 아이의 인생을 책임질 의무가 있음을 잊지 말아야 한다.

맛있는 화해

우리 가정에는 다툼을 끝내는 비밀 공식이 있다. 날카로운 말이 오가고 감정이 상해 싸늘한 침묵이 흐르거나 집안 공기가 무거워지면 함께 외식을 한다. 소소한 다툼이 아닌 감정이 최고조에 이르러 쉽게 회복되지 않을 때도, 부부 싸움, 형제간 다툼, 부자 갈등의 경우에도 예외는 아니다.

이 문화는 남편의 철학에서 비롯되었다. 싸우느라 에너지를 많이 소진했으니, 맛있는 걸 먹고 힘을 내야 한다는 거다. 처음엔 단순한 논리처럼 들렸지만, 이제는 이것이 우리 가정의 화해 방식이 되었다.

사춘기 아이들은 기분이 나쁘면 방문을 닫고 나오지 않는다. 식사를 거부하거나 얼굴을 마주하는 자리 자체를 피한다. 하지만 우리 집은 다르다. 아무리 심하게 다퉈도 음식만큼은 거부하지 않는다. 특히 메뉴가 고기면 더더욱.

"얘들아, 싸웠으니까 맛있는 거 먹으러 가게 나와."

서로 마음이 상해 거부할 법도 한데, 어느새 아이들은 하나둘 차에 올라탄다. 여전히 냉전 상태지만 함께 음식을 먹는다는 건 우리 관계가 끝나지 않았다는 의미이고, 서로를 받아들이고 있다는 무언의 표현이다.

조용한 분위기에서 눈치 게임을 한다. 그러나 음식이 입으로 들어가기 시작하면 굳게 닫힌 마음의 빗장이 조금씩 열린다.

남편이 잘 구워진 고기 한 점을 갈등 관계에 있는 사람의 접시에 올려준다. 그 행동에는 이런 의미가 담긴다.

'그래도 난 너를 생각하고 있어. 화가 나도, 여전히 널 사랑한단다.'

아무 말 않지만, 당사자는 그 단순한 행동에 담긴 진심을 느낀다. 고기 한 점에 실린 작고도 묵직한 마음이 관계의 틈을 메워간다. 그러다 한두 마디씩 대화가 오가고, 달콤한 디저트까지 먹고 나면 남아 있던 갈등의 감정이 말끔히 사라진다.

집으로 돌아오는 길, 아이들이 말한다.

"우리 가족은 참 이상해요. 먹고 나면 왜 사이가 좋아질까요?"

생각해 보면, 나도 이 문화를 경험하며 자랐다. 엄마는 나를 훈육한 날이면 늘 맛있는 음식을 해주었다. 매를 든 게 미안했는지, 훈육의 보상이었는지는 모르지만, 나는 어린 마음에 훈육 후의 식사가 기다려지곤 했다. 오빠와 나란히 앉아 눈물을 훔치면서도 '오늘은 어떤 음식일까' 하고 기대했던 기억이 있다.

매를 맞고도 밥상 앞에 앉으면 따뜻한 음식이 모든 설움을 덮어주었다. 밥을 한 숟가락 떠먹는 순간, 서운함이 서서히 사라졌다. 엄마는 별말 하지 않았다. 하지만 정성스레 준비한 음식에 이런 마음을 담아 보내고 있었다.

'네가 잘못했어도, 엄마는 여전히 널 사랑해.'

음식에는 치유하는 힘이 있다. 맛있는 것을 먹으면 도파민과

세로토닌이 분비되어 기분이 전환되고 스트레스가 줄어든다. 화난 상태에서 말이 오가면 오히려 감정이 격해질 수 있지만, 함께 식탁에 앉는 행동은 관계를 회복하고자 하는 의지를 보여준다. 말없이 함께 먹는 것만으로도 감정이 누그러지고 대화할 작은 틈이 생긴다.

성경에서도 음식으로 화해를 이끈 다양한 장면이 나온다. 중요한 사건 후에는 종종 음식이 등장한다. 하나님께서 아브라함을 찾아오셨을 때, 아브라함은 급히 송아지를 잡아 요리하고 떡을 구워 대접했다. 이처럼 인간이 하나님과 교제하는 자리에도 맛있는 음식이 있었다. 야곱이 형 에서의 장자권을 가로챈 수단도 '별미'였다. 음식이 사람의 감정을 움직이고 관계성을 바꿀 만큼 중요한 요소였음을 알 수 있다.

예수님도 그러셨다. 베드로는 예수님을 세 번이나 부인해서 마음에 죄책감과 후회가 가득했다. 그러나 부활하신 예수님은 그를 책망하지 않으셨다. 대신 "와서 조반을 먹으라"(요 21:12)라고 하셨다. 밤새 헛수고한 제자들에게 생선을 구워 준비하시고 빵을 나눠주셨다. 이는 '너를 여전히 사랑한다'라는 용서와 회복의 메시지였다. 이처럼 식탁 교제는 단순한 식사 자리가 아니라 마음과 마음을 이어주는 화해의 끈이다.

성숙한 부부는 책응한다

'책응'(策應)의 사전적 의미는 "계책(計策)을 통하여 서로 응하고 도움"이다. 이는 어떤 일을 이루기 위해 꾀나 방법을 생각해 내는 것으로 전략적으로 협력하고 힘을 모은다는 뜻이다. 이 개념을 하와이 열방대학에서 처음 들었을 때 새롭고 신선하게 다가왔다. 서로의 부족함을 지적하면서도 기분 나빠하지 않고 오히려 감사하며 더 나은 방향으로 나아가려는 태도가 참 멋지게 느껴졌다.

나는 이 단어를 '계책'(戒責), 곧 허물이나 잘못을 바로잡아 성장을 돕는다는 의미로도 부부 관계에 적용했다. 배우자의 부족함과 연약함을 지적만 하는 게 아니라 손을 내밀어 함께 돕는다는 의미로 말이다.

하지만 부부간에 책응을 실천하는 건 쉽지 않다. 처음에는 배우자의 권면이 비난처럼 들린다. '너나 잘하세요'라는 마음이 앞서고, 지적받는 순간 방어 기제가 작동한다. 상대가 아무리 좋은 의도로 말해도 기분이 상해서 대화가 감정싸움으로 번지곤 한다. 마치 매서운 겨울바람처럼, 때로는 서로의 말이 날카롭게 스치고 지나간다.

우리도 이십일 년째 책응을 실천하고 있지만, 매번 성공하는 건 아니다. 때로는 논쟁하고 상처를 주고받는다. 그런데도 포기하지 않는다. 완벽하게 해내지 못해도, 서로를 더 깊이 이해하기 위해 계속 시도한다.

책응의 가장 중요한 전제는 '부부는 절대 적(敵)이 아님'을 인식하는 것이다. 우리는 종종 갈등 상황에서 배우자를 이겨야 할 대상으로 여기는 실수를 범한다. 하지만 진정한 적은 배우자가 아니라 우리 관계를 해치는 오해, 자존심, 미성숙함이다. 마치 전쟁터에서 아군끼리 오인사격하면 전투에서 패배하듯, 부부가 서로를 적으로 여기고 싸우면 가정과 관계에 큰 상처를 입힌다.

책응은 두 사람이 한 팀임을 확인하고 함께 성장하기 위해 손내미는 행위다. 문제를 해결하려는 마음가짐으로 접근할 때, 책응은 그 본래 의미를 찾는다.

배우자는 하나님이 주신 선물이며, 나의 부족함을 채워주는 동반자다. 마치 왼손이 오른손을, 오른손이 왼손을 씻어주듯 부부는 서로의 부족함을 채워주고 더 나은 모습으로 이끌어 주는 역할을 한다.

우리 부부가 오랜 기간 책응을 실천하며 깨달은 것은, 이것이 단순한 충고의 차원을 넘어서서 '우리는 한배를 탄 관계'라는 근본적인 인식에서 출발한다는 점이다. 배가 난파되면 둘 다 침몰하고, 안전하게 항해하면 둘 다 목적지에 도달한다. 따라서 서로의 약점을 지적하는 건 배를 더 튼튼하게 만들기 위한 공동의 노력이지, 상대를 무너뜨리기 위한 공격이 아님을 늘 상기해야 한다.

책응을 효과적으로 실천하려면, 세심한 원칙이 필요하다.

첫째, 존재를 공격하지 말고, 문제만 분리하여 지적하기

둘째, 일방적 비판이 아닌 해결책을 함께 고민하기

셋째, 긍정적 변화와 노력을 인정하고 격려하기

넷째, 상대가 자발적으로 변하도록 기다려 주기

다섯째, 타인 앞에서의 책응은 절대 금하기

다섯째 원칙은 우리 부부가 시행착오를 거치며 깨달은 중요한 부분이다. 아무리 사소한 일이라도, 다른 사람 앞에서 배우자의 약점을 지적하는 건 상대에게 상처가 된다. 이미 해결된 문제를 다시 끄집어내는 것도 마찬가지다. 그 순간, 대화는 책응이 아닌 책망이 된다. 특히 자녀 앞에서는 부부가 절대 서로를 책응하거나 잘못을 지적하지 말아야 한다.

실제로 잘못했더라도 아이 앞에서 부부는 무조건 한 팀이 되어야 한다. 옳고 그름을 따진다고 배우자와 분열하는 모습을 보이는 건 아이 정서에 더 해로울 수 있다.

부부에겐 서로의 부족함을 너그럽게 용납하는 자세가 필요하다. 완벽한 사람은 없다. 부부는 부족함을 채워주며 함께 성장하는 관계이기에 상대의 결점을 마주하더라도 따뜻한 시선으로 바라볼 수 있어야 한다. 자기 잘못은 즉각 인정하고 사과하며, 배우자의 조언은 감사함으로 받고 적용하려는 태도가 중요하다. 이런 태도는 일상에서 구체적으로 드러난다. 나는 남편과의 대화

를 통해 이런 마음가짐을 가지려 노력한다.

또한 책응의 적기를 찾는 게 중요하다. 나는 주로 남편이 기분 좋을 때 시도한다. 하지만 상대가 받아들이기 힘들어하면 감정적으로 대처하지 않고 침묵으로 그의 말을 경청한다. 이 침묵은 암묵적인 동의이자 수용의 표현이다.

남편과 아이들이 갈등할 때, 나는 그 자리에서는 아무 말도 하지 않는다. 그리고 시간이 지나 남편의 감정이 평온해지고 둘만 있을 때, 부드럽게 이야기한다.

"자기는 진짜 잘 참는 것 같아요. 나는 그렇게 못 해요. 어제 자기가 아이들에게 한 말, 전적으로 동의해요. 그런데 반복해서 얘기하면 아이들 귀에 들리지도 않고 오히려 반감을 품어요. 그냥 알아듣게 한마디만 해요. 그건 수정하면 좋을 것 같아요."

그러면 남편은 이렇게 반응한다.

"고마워요. 자기가 이렇게 알려주니까 도움이 돼요. 앞으로도 그런 상황이 되면 꼭 알려줘요."

상대를 인정하고 수용하는 태도는 관계를 부드럽게 만든다. 남편도 내게 부탁하거나 바로잡고 싶은 게 있을 때 조심스럽게 요청한다. 그러면 나도 자연스럽게 인정하고 받아들인다. 결국 책응은 서로를 비난하는 게 아니라 상대가 더 잘할 수 있도록 돕는 과정임을 깨닫는다.

이런 방식은 자녀와의 관계에서도 유효하다. 우리 가정은 아이들과도 책응이 자연스럽게 이루어진다. 특히 사춘기 자녀와도 감정적으로 대치하지 않고, 서로 인정하고 수용하며 변화를 끌어내는 대화를 나눈다.

하지만 가장 중요한 건, 먼저 '나를 돌아보는 것'이다. 상대의 부족함을 지적하기 전에 나는 어떤지, 내가 변화해야 할 부분은 없는지 살펴야 한다. 특히 자녀를 키우는 부모라면, 자신의 모습이 자녀의 거울이 된다는 걸 기억하고 늘 재정비해야 한다.

성경에서도 책응의 원리가 여러 차례 강조된다.

철이 철을 날카롭게 하는 것같이 사람이 그의 친구의 얼굴을 빛나게 하느니라 잠 27:17

오직 사랑 안에서 참된 것을 하여 범사에 그에게까지 자랄지라 그는 머리니 곧 그리스도라 엡 4:15

우리가 서로를 연단하고 성장시키는 관계가 되어야 한다고 말씀한다. 또한 사랑 안에서 진리를 말하는 것이야말로 책응의 핵심이며, 이를 통해 우리는 그리스도에게까지 자라간다.

부부 관계에서 책응을 시도해 보길 권한다. 처음에는 어색하고 기분 나쁜 조언처럼 들릴 수 있지만, 꾸준히 실천하면 사랑의 표현으로 들리고, 관계도 조금씩 성장할 것이다.

모든 시도가 완벽할 수는 없다. 어떤 날은 책응이 사랑으로 받아들여지지만, 어떤 날은 기분이 상해 서로 감정을 삭여야 할 수도 있다. 그러나 포기하지 말자. 책응은 단순한 피드백이 아니다. 관계를 성숙하게 만들고, 서로를 깊이 이해하게 하는 사랑의 대화다. 실패하고 시행착오를 겪더라도 포기하지 말고 함께 실천해 보자. 오랜 시간 정성껏 빚어가는 도자기처럼 부부 관계도 책응을 통해 더욱 아름답게 빚어질 것이다.

마음을 듣다, 마음을 잇다

네 아이를 가정 보육하며 지낸 시간은 철저히 나와의 싸움이자 내 연약함과 마주하는 시간이었다. 때로는 타인과 비교하며 비참해지거나 교만해지기도 했고, 내 밑바닥을 보며 하염없이 자책하기도 했고, 상실감에서 헤어나지 못할 때도 많았다.

'육아'라는 끝없는 여정 속에서 매일 내 한계와 마주했다. 그 경계에서 흔들리는 자신을 발견했다. 그럴 때마다 하나님 앞에서 내 문제를 토로하며 말씀과 기도의 자리에서 큰 힘을 얻었지만, 때로는 누군가에게 겹겹이 쌓여 있는 나를 투명하게 열어 보여주고 싶었다. 그 대상은 남편이었다. 민낯을 드러내도 허물없는 사이, 부끄럽지 않은 유일한 대상, 내가 가장 사랑하는 사람에게 가장 진솔한 나를 보여주고 싶었다.

저녁에 그날 있었던 일을 쉴 새 없이 이야기하고 힘듦과 어려움을 토로할 때, 남편은 귀담아들으려고 참 많이 노력했다. 때로는 아이들이 잠든 후 식탁에서, 때로는 침대에 나란히 누워서 나는 형용할 수 없는 복잡한 심경을 꺼내놓곤 했다.

물론 처음부터 그랬던 건 아니다. 남편이 내 이야기 중 듣고 싶은 것만 골라 들어 소통이 단절된 적도 있었다. 그러면 나는 더 큰 외로움을 느꼈다. 몇 번의 갈등과 다툼 그리고 진심 어린 대화를 나눈 후에야 우리는 중요한 걸 깨달았다. 서로의 마음을 듣고 마음을 잇는 경청과 공감의 훈련이 둘 다 되어 있지 않다는 거였다. 그건 관계를 시작할 때 자연스럽게 주어지는 게 아니라 함께 배우고 익혀야 하는 사랑의 언어였다.

코칭 공부를 하면서 코치의 가장 중요한 역량이 '경청'임을 알았다. 이것은 내게 새로운 깨달음이자 익숙한 주제이기도 했다. 돌이켜보면, 아이들이 어릴 때부터 나는 성품 훈련의 하나로 경청 교육을 다양하게 시도해 왔다.

"엄마가 얘기할 땐 다른 행동하지 않고 눈을 보고 듣는 거야."

이제 아이들은 내가 가르친 것을 배워 도리어 내게 요구한다.

"엄마, 경청해 주실래요? 지금 경청하지 않으시는 것 같아요."

휴대전화를 보며 아이의 이야기를 듣다가, 설거지하며 건성으로 대답하다가 '경청 위반'으로 지적받은 게 한두 번이 아니다.

경청에 대해 깊이 공부하면 할수록 그것이 단순히 듣는 행위가 아님을 깨닫는다. 진정한 경청은 말하는 사람의 존재 자체를 듣는 것, 온 마음으로 상대를 받아들이는 것이다.

'경청'의 한자어는 '기울 경'(傾)과 '들을 청'(聽)인데, 이 중 들을 청은 여섯 개의 한자어로 이루어져 있다. 임금 왕(王), 귀 이(耳), 열 십(十), 눈 목(目), 한 일(一), 마음 심(心). 그 뜻을 풀어보면 '임금처럼 모든 백성을 존중하는 태도로, 귀로는 말소리를 듣고, 열 개의 눈으로는 상대의 표정과 몸짓 등 비언어적 표현까지 놓치지 않으며, 한마음으로 집중해 듣는 것'이라는 깊은 지혜를 담고 있다.

즉 진정한 경청은 모든 감각과 마음을 열어 상대의 메시지를 온전히 받아들이는, 존재에 대한 반응이다. 상대의 말 너머의 감정과 생각, 가치와 필요까지 듣는 것이다. 말로 표현하지 않은 것까지 듣는 게 쉽지 않기에, 경청은 가장 고차원적인 존중과 사랑의 표현이라고 할 수 있다.

마음을 잇는 공감도 마찬가지다. 경청이 '듣는 것'이라면, 공감은 '느끼는 것'이다. 경청이 상대의 말을 받아들이는 과정이라면, 공감은 그 말에 담긴 감정을 나누는 과정이다. 상대의 감정을 인식하는 것을 넘어 그의 관점에서 상황을 바라보고 그의 경험을 내 것처럼 느끼며 이해하는 것이다. 마음의 문을 열고 배우자의 내면 세계로 들어가 그의 관점에서 세상을 바라보는 여행과도 같다.

최근 나는 처음으로 남편이 미워지는 감정을 경험했다. 특별한 일이 있었던 것도 아닌데 이유 없이 감정의 날이 서고 말투도 차가워졌다. 지금껏 권태기가 없었고 특별한 이유 없이 남편을 미워한 적이 한 번도 없었다. 그런데 감정의 결이 달라지면서 설명하기 어려운 복잡 미묘한 감정이 스멀스멀 올라왔다.

나중에야 갱년기 증상이란 걸 알게 되었다. 감정의 진폭이 커지고, 내가 나를 제어하기 어려운 시기. 낯설고 당황스러웠다. 그런 내 모습을 보며 남편은 늘 나를 살폈다.

"하니야, 오늘은… 혹시 갱년기 증상이에요?"

그 말은 '네가 이상하다'라는 비난이 아니라 '네가 힘들구나'라는 관심이었다. 공감하려는 시도, 이해하려는 노력, 기다려주는 태도, 마음을 읽으려 하는 그의 애씀 덕분에 설명하기 어려운 내 감정을 조금씩 꺼내놓을 수 있었다.

서로 마음을 잇는다는 건 완벽하게 이해하는 게 아니라, 서로에게 다가서려는 그 걸음 안에 있다는 걸 배우는 시간이었다.

부부 및 관계 치료 분야의 세계적 권위자인 존 가트맨 박사의 연구에 따르면, 부부간 효과적인 의사소통에 필요한 경청과 공감 능력은 결혼 만족도와 장기적인 결혼 성공을 예측하는 가장 강력한 요인 중 하나라고 한다. 서로의 감정에 공감하고 상대의 이야기에 온전히 귀 기울이는 부부는 갈등을 더 효과적으로 해결하고, 스트레스 상황에서도 강한 회복력을 보인다고 한다.

특히 부부 관계에서 경청과 공감은 서로를 알아가는 시작점이 된다. 매일의 대화 속에서 배우자의 세계를 이해하고 희로애락을 함께 나눌 때, 깊은 친밀감을 형성할 수 있다. 이것이 바로 둘이 한 몸이 되어가는 여정의 핵심이다.

'미러링'(반영)은 경청과 공감을 실천하는 방법이다. 이는 상대의 말과 감정을 마치 거울처럼 비춰주는 소통방식이다. 단순히 상대의 말을 앵무새처럼 반복하는 게 아니라 자신의 언어로 재구성해서 돌려주는 것이다. 특히 여성은 "정말?", "진짜?", "웬일이니!"와 같은 간단한 미러링 반응으로 공감하기를 잘한다.

미러링만 잘해도 사랑받는 배우자가 될 수 있다. 내가 일상의 푸념을 늘어놓을 때, 남편은 내 입장이 되어 격하게 반응해 준다. 이처럼 상대의 감정과 같은 결로 말하고 표현하는 것만으로도 큰 위로를 선사할 수 있다.

삶의 자리에서 마음을 듣고, 마음을 잇는 연습을 하면서 우리 부부는 하나가 되어간다. 예전에는 내가 속상한 일을 이야기하면 "그럼 이렇게 하면 되겠네"라며 해결책부터 제시하던 남편이 이제는 "오늘 정말 힘들었겠다. 그 상황이면 나도 속상했을 것 같아"라며 내 감정을 먼저 공감하고 함께 눈물을 흘려준다. 해결책 제시가 아닌 마음을 이해하는 것이 진정한 사랑의 방식이니까.

부부는 서로의 마음을 듣고, 마음을 잇는 법을 배우며 진정한 의미의 '한 몸'이 되는 아름다운 성장을 경험한다. 그렇게 매일 연결되고, 더 깊이 사랑하게 된다.

지혜로운 부부 싸움을 위한 부부 작전 타임

이기지 말고 이해하기

1. 부부 싸움을 할 때 나를 가장 많이 지배하는 감정은 무엇인가요? 그것이 관계에 어떤 영향을 미친다고 생각하나요?

2. 갈등 상황에서 어떻게 화해의 물꼬를 트나요? 더 나은 방법이 있을까요?

3. 내가 생각하는 '성숙한 사람'은 어떤 모습인가요? 그런 성숙함을 배우자에게 보여준 적이 언제인가요?

4. 배우자와의 갈등 상황에서 '자존심'과 '자존감'의 차이를 느낀 적이 있나요? 어떤 상황이었고, 어떻게 극복했나요?

5. 부부가 다툼 속에서도 꼭 지켜야 할 원칙은 무엇이라고 생각하나요? 그것이 중요한 이유는 무엇인가요?

과거 소환 금지

1. 아주 사소한 일로 시작한 갈등은 무엇이었나요? 그때는 어떤 감정이었고, 지금 그 일을 바라보는 감정은 어떤가요?

2. 배우자가 했던 말 중에 상처가 된 표현이 있나요? 반대로 내가 배우자에게 한 말 중에 후회되는 표현은 무엇인가요?

3. 다툼 중에도 자녀 앞에서 모범을 보이기 위해 어떤 노력을 하나요? 더 개선하고 싶은 점은 무엇인가요?

4. 하나님은 "네 죄를 기억하지 아니하리라"(사 43:25)라고 하셨는데 나는 배우자의 과거 잘못을 잊었나요? 이것이 어려운 이유는 무엇일까요?

5. 배우자로부터 진심 어린 사과를 받았을 때 어떤 감정을 느끼나요? 반대로, 배우자에게 사과할 때 어려운 점은 무엇인가요?

맛있는 화해

1. 가정에서 음식이 화해의 도구가 된 순간이 있었나요? 그때 마음이 어땠나요?

2. 감정이 격해졌을 때 함께 식사하는 게 어떤 도움이 된다고 생각하나요?

3. 식사 외에 화해로 나아가는 다른 효과적인 방법이 있나요? 당신에게 어떤 방식이 가장 위로가 되었나요?

4. 서로를 용서하고 회복을 경험한 적이 있나요? 그때의 기억을 나눠보세요.

5. 우리 가정만의 특별한 화해 방식이나 루틴을 만들어보세요.

성숙한 부부는 책응한다

1. 배우자의 조언을 통해 내가 성장했다고 느낀 경험이 있나요? 구체적으로 어떤 상황이었나요?

2. 배우자가 조언할 때 가장 듣기 편안한 방식은 무엇인가요? 반대

로 불편하게 느끼는 방식은 무엇인가요?

3. 서로를 책응할 때 '같은 팀'임을 확인하고, 배우자를 적이 아닌 동 반자로 느끼려면 어떻게 해야 할까요?

4. 왜 타인 앞에서 책응을 금해야 할까요? 이런 경험이 있다면 당시 어떤 감정이 들었나요?

5. 자녀에게 책응할 때 가장 중요하게 생각해야 할 원칙은 무엇일까 요? 이 방식이 아이들에게 어떤 영향을 미칠 것 같나요?

마음을 듣다, 마음을 잇다

1. 힘들 때 배우자가 내 마음을 어떻게 들어주기를 원하나요? 해결 책 제시 외에 어떤 반응이 도움이 될까요?

2. '진정한 경청'이란 무엇이라고 생각하나요? 배우자가 내 이야기 를 경청하고 있음을 어떻게 알 수 있나요?

3. 배우자와의 대화에서 '미러링'이 얼마나 잘 이루어지고 있다고 생 각하나요? 개선할 점은 무엇일까요?

4. 내 감정이나 생각을 배우자에게 표현하는 데 어려움을 느끼는 이 유는 무엇인가요? 이를 배우자가 어떻게 도울 수 있을까요?

5. 서로의 마음을 더 깊이 이해하기 위해 일상에서 실천할 수 있는 작은 습관이나 방법은 무엇이 있을까요?

4부

연합에서

사명으로

1장
주의 영이 계신 곳 _영적인 연합

하나님 〉부부 〉자녀

부부의 온전한 연합은 영적, 정서적, 육체적 연합으로 이루어진다. 이들은 세 겹 줄(전 4:12)처럼 부부를 견고하게 지탱하는 요소다. 부부가 영적, 정서적, 육체적으로 하나 되면 하나님이 디자인하신 가정의 질서 속에서 온전한 연합을 이룬다. 그중 가장 우선순위에 두어야 할 건 '영적 연합'이다.

하나님은 가정 질서의 명확한 우선순위를 말씀하셨다. 첫째는 하나님, 둘째는 부부, 셋째는 자녀다. 이는 성막의 구조와도 같다. 가장 깊은 곳에는 하나님의 임재가 있는 지성소가 있고, 그다음으로 성소 그리고 뜰이 있는 것처럼, 가정의 중심에는 하나님이 계시고, 그다음에 부부 그리고 자녀가 자리해야 한다.

그러나 많은 가정에서 이 우선순위가 어그러지고 있다. 결혼 초에는 하나님 자리에 배우자를 올려놓는 경우가 많다. 모든 관심과 에너지가 배우자에게 집중되면서 하나님과의 관계는 뒷전으로 밀린다. 시간이 흘러 자녀가 태어나면 자녀가 가정의 최우선 순위가 되어 부부 관계마저 희생되기 시작한다.

이런 우선순위의 변화는 매우 자연스럽게, 때로는 선한 의도로 이루어진다. 아이와 가족의 안정을 위한다는 명목으로 우리도 모르는 사이에 하나님이 계셔야 할 자리에 다른 것을 올려놓는다. 하지만 가정 질서의 우선순위가 무너지면, 가정의 균형도 함께 무너진다.

아이가 가정의 중심이 되면, 부부는 점점 멀어진다. 모든 대화와 결정이 아이 중심으로 이루어지고, 부부 사이는 마치 아이를 위한 협력 관계 정도로 변질된다. 이것이 자녀를 위한 희생처럼 보일 수 있으나, 실제로는 자녀에게도 건강하지 않은 환경이다. 부모의 관계가 약해진 가정에서 자란 아이는 안정감을 느끼기 어렵다. 그래서 부부가 하나 되는 것이 자녀에게 가장 큰 축복이다.

일과 돈이 우선순위일 때도 마찬가지다. 바쁜 일정과 경제적 풍요를 위해 하나님 앞에 머무는 시간, 부부가 보내는 시간이 희생되면 가정은 점점 생존의 장으로 변한다. 신앙은 일상에서 밀려나고, 부부는 정서적 교감 없이 서로의 참 모습을 보지 못한 채 살게 된다.

이런 우선순위의 전복을 경계해야 하는 이유는 분명하다. 하나님께서 설계하신 질서를 따를 때 가정이 건강하게 성장하기 때문이다. 하나님이 가정의 중심에 계실 때 부부 관계도 견고해지고 부모 자식 관계도 건강해진다. 단, 하나님께 우선순위를 둔다고 해서 다른 관계를 소홀히 해도 된다는 의미는 아니다. 오히려 하나님과의 관계가 다른 모든 관계의 기초가 되어 더 풍성히 사랑하고 이해할 수 있게 한다.

> 그러나 나는 너희가 알기를 원하노니 각 남자의 머리는 그리스도요 여자의 머리는 남자요 그리스도의 머리는 하나님이시라 고전 11:3

이 말씀은 단순한 위계질서가 아니라, 하나님께서 설계하신 사랑과 책임의 순환을 보여준다.

모든 권위의 근원은 하나님이시다. 그분이 중심으로 계신 가정은 다른 관계도 제자리를 찾는다. 부부는 서로에게 집중하되 과도한 기대를 갖지 않게 된다. 하나님만이 궁극적 만족과 충만함을 채워주실 수 있음을 알기 때문이다.

또한 자녀 양육에서도 균형 잡힌 시각이 생긴다. 자녀는 부모의 소유물이나 자아실현 도구가 아니라는 것과 부모에게는 하나님께서 맡기신 청지기적 책임이 있음을 깨닫게 된다.

> 그런즉 너희는 먼저 그의 나라와 그의 의를 구하라 그리하면 이 모든 것을 너희에게 더하시리라 마 6:33

이 약속은 가정에도 적용된다. 하나님을 최우선으로 두고, 그분의 뜻과 질서를 따르는 가정은 하늘의 축복과 인도하심을 경험한다. 하나님〉부부〉자녀, 이 거룩한 순서를 지킬 때 가정은 하나님나라가 임하는 작은 천국이 된다.

온전한 연합으로 가는 길

내가 DTS 과정에서 가슴 깊이 새겼던 것이 '트라이앵글 법칙'이었다. 삶의 어떤 문제든 다른 것에 우선순위를 두면 진정한 돌파를 경험할 수 없지만, 하나님께 초점을 맞추고 조금씩 나아가면 그분과 연결되어 문제를 돌파할 힘을 공급받는다는 원리다. 하나님과의 연결이 끊어진 관계는 결국 자체적인 한계에 부딪힐 수밖에 없다.

마찬가지로 부부가 하나 되는 길은 단순히 서로에게만 집중하는 것이 아니라 함께 하나님을 바라보며 걸어갈 때 비로소 완성된다. 이것이 바로 트라이앵글 법칙의 신비다.

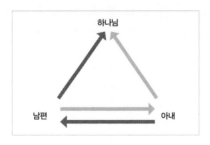

인간의 사랑은 아무리 깊어도 한계가 있다. 하나님 없이 부부가 서로만 바라보며 하나 되려 할 때는 보이지 않는 벽에 부딪히곤 한다. 우리는 모두 불완전한 존재이기 때문이다. 부부의 화살표가 서로를 향해 나아가면 그 끝에선 절대 만날 수 없다. 평행선처럼 가까워지기만 할 뿐 결코 하나 되지 못한다. 유한한 인간으로서 우리는 아무리 노력해도 완전한 연합에 이를 수 없기 때문이다.

유일하게 만날 수 있는 곳은 하나님께로 향해 올라갈 때뿐이다. 삼각형의 두 변이 하늘을 향해 올라가며 점점 가까워지다가 정점에서 포옹하듯 만나는 것처럼 부부도 하나님께 가까이 갈수록 서로의 영혼이 맞닿는 경험을 한다.

죄인과 죄인 사이에 필요한 것은 빛 되시는 예수님 한 분이신 것처럼 부부 관계도 마찬가지다. 이 트라이앵글 법칙은 서로가 아닌 하나님께 집중해야 부부의 영적 연합이 가능함을 보여준다.

우리는 종종 배우자에게서 완전한 만족을 찾으려 한다. 하지만 그것은 샘물 대신 웅덩이에서 갈증을 해소하려는 것과 같다. 배우자의 사랑은 달콤하지만, 그것만으로는 영혼의 깊은 갈증을 채울 수 없다. 오직 하나님만이 우리의 갈망을 채우실 수 있다.

너희는 그를 죽은 자 가운데서 살리시고 영광을 주신 하나님을 그리스도로 말미암아 믿는 자니 너희 믿음과 소망이 하나님께 있게 하셨느니라
벧전 1:21

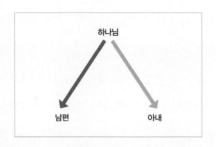

하나님

남편   아내

    우리의 소망과 신뢰를 하나님께 두어야 한다. 그렇기에 부부가 손을 놓친다고 해도 서로가 하나님께 붙들려 있으면 절대 떨어질 수 없다. 거친 파도가 두 배를 뒤흔들어도, 같은 닻에 연결되어 있다면 절대 멀어지지 않는 것처럼.

    세상의 결혼은 두 사람의 계약에 불과하지만, 하나님 안에서의 결혼은 하나님이 함께하시는 언약이다. 이 언약은 부부가 각자 하나님과 맺는 관계가 튼튼할 때 더욱 견고해진다.

    부부 관계에서 문제가 생겼을 때 많은 사람이 서로에게서 답을 찾으려고 한다. 하지만 그렇게는 절대 답을 찾을 수 없고 문제도 해결할 수 없다. 하나님께 집중하면 해결책이 보이기 시작한다. 갈등의 원인이 무엇이든 하나님 앞에 함께 무릎 꿇을 때, 더 넓은 시각과 지혜를 얻는다.

    트라이앵글 법칙은 일상에서 구체적으로 실천할 수 있다. 서로를 위해 드리는 기도, 서로의 신앙을 격려하는 대화, 함께 드리는 가정예배 등 말씀과 은혜를 나누는 시간이 쌓일수록 부부 관계는 견고해진다. 겉보기에는 평범한 순간이지만, 그 속에서 하나님은 둘을 하나의 걸작품으로 빚어가신다.

그 둘이 한 몸이 될지니라 이러한즉 이제 둘이 아니요 한 몸이니 그러므로 하나님이 짝지어 주신 것을 사람이 나누지 못할지니라 하시더라
막 10:8,9

이 말씀은 단순한 선언이 아니라 약속이다. 하나님을 향해 함께 걸어가는 부부를 세상의 어떤 풍파도 갈라놓을 수 없다. 그들은 이미 하나님 안에서 하나가 되었기 때문이다.

부부의 완전한 연합은 평생에 걸친 여정이다. 때로는 지치고 멀어질 수도 있다. 하지만 두 사람이 끊임없이 하나님을 향해 나아간다면, 자연스럽게 서로도 가까워진다. 이것이 하나님이 디자인하신 결혼의 신비요, 온전한 연합의 비밀이다.

같이의 가치에서 가치의 같이로

매일 한 공간에서 숨 쉬며 살아가지만, 마음은 점점 멀어지는 부부가 늘고 있다. 소통이 끊기고 각자도생하며 하루하루 살아가는 부부, 스마트폰에 얼굴을 파묻은 채 서로를 바라보지 않는 부부, 일과 양육에 지쳐 서로에게 쓸 에너지조차 남아 있지 않은

부부…. 이런 현실은 크리스천 부부라고 해서 크게 다르지 않다.

이들에게 가장 필요한 건 무엇일까? '서로의 가치가 연결되어 있는가' 하는 질문이다. 하나님과의 관계는 각자도생으로도 가능하지만, 부부가 기도 제목을 나누고 한마음으로 하나님께 나아갈 때 영적인 질서가 세워지고 부부 사이를 이어주는 끈도 견고해진다. 부부는 같은 가치를 공유할 때 서로를 더욱 이해하고 깊은 유대감과 신뢰감, 안정감을 느낀다. 가치 공유는 평범한 결혼 생활을 행복한 관계로 바꾸는 역할을 한다.

우리 부부가 공유하는 가치는 '말씀 암송'이다. 어린 자녀에게 신앙 교육하는 방법을 얻고자 찾은 303비전 성경암송학교는 아이만큼이나 아내를 새롭게 빚어갔다. 암송하는 말씀이 부드러운 사포가 되어 아내의 거친 부분을 다듬었고, 조각칼이 되어 모난 부분을 떼어내기도 했다.

말씀이 아내에게 통째로 심기자 아내가 변하기 시작했다. 그 변화가 믿기지 않을 정도였다. 아내는 내게 암송을 강요하지 않았다. 대신 살아 역사하는 말씀의 능력을 암송의 은혜로 보여주었다. 말이 아닌 삶으로 강력하게 권유했다. "우리 아이가 변했어요"가 아니라 "우리 아내가 변했어요"라고 외치고 싶을 만큼 아내는 은혜받은 사람이 먼저 하나님의 가치에 다가간다는 것을 알게 해주었다.

하나님께서 아름다운 작품으로 빚어가시는 아내의 모습을 옆에서 지켜보는 동안, 내 안에 암송을 향한 소망이 싹트기 시작했다. 아내가 셋째 사랑이를 출산하면서 나를 아이들 암송 선생님으로 임명했고, 나는 큰 부담 없이 하나님의 말씀을 마음에 새기기 시작했다. 우리 부부는 같은 가치를 가지고 가정에 신앙의 문화를 만들어갈 수 있었다.

결혼 초 아내와 둘이 드리던 예배는 네 아이와 함께하는 가정 예배로 발전했다. 그 외에도 복음을 담아내는 다양한 문화를 만들어가고 있다. 지금도 아이들은 매일 부모의 축복을 받고 잠자리에 든다. 사춘기를 지나면서 다가오지 않는 아이들에게는 직접 찾아가 머리에 손을 얹고 축복해 주었다. 청년이 된 첫째도 내가 찾아가면 머리를 내밀고 기다린다. 둘째는 종종 우리 집 식탁 문화에 찬사를 보낸다.

"우리 가족은 식사할 때 스마트폰을 보지 않아 너무 좋아요."

아이는 서로의 소중함을 미디어에 뺏기지 않는 식탁 문화를 자랑스러워한다. 나는 아이들에게 누구와 식사하든 스마트폰은 집어넣고 상대에게 집중하라고 늘 강조한다. 존재의 소중함을 스마트폰으로 희석하는 것을 원치 않기 때문이다. 이는 어디서든 항상 사람을 소중하게 여길 수 있도록 만든 문화다.

이런 문화는 복음 안에서 존재의 가치를 가로막는 장애물을 꾸준히 제거해 온 노력의 열매이며 오랫동안 일관성 있게 이어온 귀중한 열매다. 물론 문화는 진리를 담는 그릇에 불과하며 복음 없는 문화는 껍데기일 뿐임을 잊어서는 안 된다.

이런 노력은 '가치공동체'를 만들어가는 과정이었다. 아내와 내가 한마음을 품지 않았다면 이런 가정의 문화를 이루지 못했을 것이다. 우리는 한 분 하나님을 바라보며 살아가길 소망한다. 그러면서 함께 만들어가는 가정의 문화를 통해 진정한 가치공동체로 성장하고 있다. '같이의 가치'에서 '가치의 같이'로의 여정을 함께하고 있음에 깊이 감사한다.

최고의 기도 동역자

아내에게 물었다.

"자기는 남편을 위해 매일 기도해요?"

"그럼요, 매일 기도하죠."

망설임 없이 답하는 아내가 고마웠다. 이번에는 조금 짓궂은 질문을 했다.

"나와 다투었을 때도 나를 위해 기도해요?"

아내는 멈칫하더니 잘 기억나지 않는다고 했다. 사실 다툰 일이 많지 않아서 기억하기 힘들었을 것이다. 아내는 나를 위한 기도를 잊지 않는다. 기도해 달라고 부탁하지 않아도 항상 내 기도 제목을 세심하게 기억하며 기도의 자리로 나간다.

아내의 기도는 남편을 돕는 가장 강력한 도구다. 기도라는 아름다운 방법을 통해 하나님은 그분의 선하신 뜻을 마음껏 나타내신다. 아내의 기도는 남편을 변화시키기 위한 도구가 아니라 남편이 하나님 안에서 아름답게 세워질 수 있도록 돕는 영적인 힘이다.

사실 많은 아내가 남편을 위한 기도를 쉬지 않는다. 문제는 남편이다. 남편이 아내의 기도에 빚진 마음을 갚는 길은 아내를 위해 기도의 자리로 나아가는 것이다. 아내의 영적 생존을 위해 남편 역시 기도의 의무를 다해야 한다.

나는 결혼한 지 이십일 년이 지나고 있는 지금도 매일 아내를 위해 기도하는 시간을 놓치지 않으려 노력한다. 믿음의 남편으로서 주님이 교회를 위해 자기 몸을 내어주신 것처럼 아내를 사랑하기 때문이다.

아내를 축복하며 기도할 때, 이것이 안전장치임을 느낀다. 다른 이성에게 한눈팔지 않고 음란물에 관심을 두지 않는 것도 아내를 위한 축복 기도 덕분이다. 매일 아내를 위해 기도하는 남편이 두 마음을 품는 건 상상하기 어려운 일이다. 왜냐하면 기도로써 아내를 향한 농밀한 사랑이 증명되기 때문이다.

아내를 위해 기도한 남편으로 성경에 기록된 유일한 인물이 이삭이다. 이삭은 아버지 아브라함처럼 아내를 누이로 둔갑시키기도 했지만, 족장 시대 성경 인물 중 유일하게 한 여인과 결혼 생활을 유지했다. 그는 이십 년간 아이를 갖지 못해 고통받는 아내 리브가를 위해 기도했고, 하나님께서 그의 간구를 들으사 아이를 허락하셨다(창 25:21).

성경에 단 한 번 언급된 이삭의 기도는 하나님의 약속을 이어갈 자손을 얻기 위한 기도였을 것이다. 그는 생명의 유업을 함께 이을 아내를 위해 진정 사랑하는 마음으로 기도했고, 하나님께서는 그 기도에 응답하셨다. 어쩌면 리브가에게 최고의 선물을 주시기 위해 남편의 기도를 기다리신 게 아닐까!

남편이 기도로 아내를 세우고 축복하는 것은 가정의 영적 제사장의 의무다. 기도하면서 아내를 사랑하는 마음이 깊어지고 부부 관계도 더 끈끈해질 수 있다.

베드로는 아내와의 관계가 남편의 기도 생활에 미치는 영향에 대해 이렇게 말한다.

남편들아 이와 같이 지식을 따라 너희 아내와 동거하고 그를 더 연약한 그릇이요 또 생명의 은혜를 함께 이어받을 자로 알아 귀히 여기라 이는 **너희 기도가** 막히지 아니하게 하려 함이라 벧전 3:7

위 성구의 "너희 기도가"가 원어에는 "너희 기도들이"라는 복수로 표현되었다. 베드로가 기도를 복수로 표현한 이유는 당시 다양한 기도 모임을 염두에 두어서였을 것이다. 그는 남편들의 모든 기도 생활에 영향을 주는 핵심 요인을 아내를 향한 태도와 아내와의 관계에서 찾았다. 이는 남편이 드리는 모든 기도, 곧 "기도들"이 막히지 않기 위한 중요한 영적 원리이자 비결이었다.

이처럼 아내와의 관계는 남편의 기도 생활 전반에 지대한 영향을 미친다. 남편이 아내를 위해 기도함으로써 부부 관계가 견고해지면, 남편의 영적 호흡도 원활해진다.

다시 말하지만, 남편은 아내를 위한 기도를 쉬지 말아야 한다. 아무리 마음에 들지 않는 부분이 있어도, 기도가 아내를 원하는 모습으로 바꾸기 위한 수단이 되어서는 안 된다. 그럴 땐 아내의 연약함을 품을 수 있도록 자신의 마음 그릇을 넓혀주시기를 간구해야 한다.

또한 아내가 감당하는 일을 기도로 동역할 때, 부부는 영적으로 더욱 연합한다. 기도의 범위는 경계가 없다. 가정, 교회, 직장, 신앙, 양육, 경제 등 삶의 모든 영역에서 하나님의 선하신 뜻이 이루어지길 구하면 된다.

아내는 많은 교회를 다니며 강의를 한다. 개척교회 사모의 역할을 감당하기도 버거울 텐데 오직 기쁨으로 교회와 기관을 다니며 다음세대를 위한 사명을 감당하고 있다. 나는 아내의 사명에 기도로 동역할 책임이 있다. 기도 없는 사역은 생명력을 잃는다는 걸 알기 때문이다.

아내를 위한 기도는 혼자 감당하지 않는다. 아이들을 기도 자리에 초청한다. 부모를 위해 기도하는 자녀는 부모를 존경하지 않을 수 없다. 우리 아이들은 함께 기도하는 시간을 통해 부부가 서로를 위해 기도하는 관계임을 배우고 있다.

기도는 남편과 아내가, 부부와 하나님이 연결되어 있다는 증거다. 믿음의 남편이 아내와 영적으로 연합하기 위한 최고의 방법은 그녀를 위해 기도하고 서로를 위해 기도하는 것이다.

행복을 넘어 사명으로

'나'와 '너'가 만나 부부로 연합할 때, 비로소 '한 몸'이라는 결혼의 신비에 이르게 된다. '연합'은 한 몸으로 가는 안내자다. 히브리어에서 '연합하다'라는 말은 '달라붙다, 붙이다'라는 의미가 있다. 서로 강하게 붙고 떨어지지 않도록 결합한 상태를 말한다.

그래서 부부는 풀로 종이를 붙인 것처럼 서로 단단히 붙어 있어야 한다. 두 인격체가 영적, 정서적, 육체적 연합을 통해 일심동체로 살아가야 한다.

한 사람이 나머지 사람에게 상처를 주면 둘이 같이 상처를 입고, 자녀까지도 아픔을 겪는 게 부부 관계다. 동시에 치유와 기쁨을 온전히 나눌 수 있는 관계이기도 하다. 이처럼 하나님께서는 부부의 연합이 서로에게 가장 큰 영향을 주도록 디자인하셨다.

게리 토마스는 연합을 "한 몸이 되어 한 몸을 이루어가는 과정"이라고 말했다. 서로의 장점뿐 아니라 연약함, 부족함, 결핍, 과거의 상처 등 모든 것이 연합의 범위다. 부부가 온전한 연합으로 가는 과정은 쉽지 않지만, 결코 포기해서는 안 된다.

진정한 연합은 '나'를 내어줄 때 온전해진다. 부부가 서로에게 이타적인 사랑의 최전선이어야 하는 이유다. 부부의 연합은 제 것을 내어주고 '나'와 '너'의 삶을 '우리'의 것으로 받아들이는 일, 배우자를 내 몸처럼 아끼고 보살피며 거룩한 삶을 향해 함께 나아가는 과정에서 '너'를 위해 희생하는 일이다.

이는 일방적 희생이나 자기 소멸이 아니다. 내 자리에 상대를 위한 공간을 내어주는 것이다. 인격을 존중하며 영적, 정서적, 육체적 연합을 이루는 것이다.

그러나 부부의 연합은 행복한 가정을 이루는 데서 멈추지 않는다. 성경의 역사는 가정의 역사다. 하나님께서는 아브라함을 부르실 때 그만을 부르지 않으셨다. 한 가정을 택하시고, 그 가정을 통해 이루실 약속을 선언하셨다. 그 약속은 그 가정 안에만 머물지 않았다. 한 사람의 부르심이 한 민족을 위함이듯, 한 가정을 통해 열방의 민족을 부르시는 하나님의 계획이 있었다.

부부가 서로 사랑하고 평안과 행복을 누리는 것만이 가정의 목적이 아니다. 가정을 통해 이루실 하나님의 놀라운 비전이 있다. 하나님께서 그 목적을 위해 우리 가정을 택하셨고, 축복의 통로로 부르셨다고 믿는다. 신약성경은 부부의 연합을 통해 행복을 넘어서는 하나님의 거대한 그림을 담고 있다. 그분의 목적은 그리스도와 교회의 연합의 신비를 나타내는 데 있다. 부부의 연합은 단순히 여자의 순종과 남자의 희생으로 이루어지는 데 그치지 않고, 교회를 위해 생명을 주신 그리스도와 교회의 관계로 확장된다.

> 그러므로 사람이 부모를 떠나 그의 아내와 합하여 그 둘이 한 육체가 될지니 이 비밀이 크도다 나는 그리스도와 교회에 대하여 말하노라
> 엡 5:31,32

다시 말해, 그리스도와 교회의 비밀을 증거하는 것이 부부의 사명이다. 따라서 '그리스도와 교회의 관계를 보여주는 증인 역할을 감당하고 있는가'에 따라 부부가 온전한 연합을 이뤄가고 있는지를 알 수 있다.

물론 다양한 모습으로 이 사명을 감당할 수 있다. 청년들을 초청하여 크리스천 가정의 모델을 보여주거나 부모에게 받은 상처로 인해 정신적 고통을 호소하는 청년을 위해 기도해 줄 수 있고, 깨질 위기에 처한 부부에게 손 내밀어 연합의 소망을 심어주고 회복의 길을 걷게 할 수도 있다.

또 결혼을 약속한 커플에게 하나님께서 둘의 연합을 통해 이루고자 하시는 신성한 계획을 알려주거나 가정예배의 씨앗을 다른

믿음의 가정에 심고 그것이 자라나도록 도울 수도 있다.

이처럼 하나님께서 부부에게 맡기신 사명은 그 부부의 은사와 상황에 따라 다채롭게 펼쳐진다. 우리 부부는 우리 가정을 통해 많은 가정에 축복이 흘러가는 것을 경험했다. 아내와 시작한 예배가 네 자녀와 함께하는 가정예배로 확대되었고, 담장 넘어 뻗은 가지처럼 가정의 담을 넘어 또 다른 가정에 예배의 열매가 맺혔다.

결혼 초, 우리 부부는 종종 가정예배를 드렸지만 가정의 문화로 자리잡지는 못했다. 우리 가정에 예배가 정착된 것은 303비전 성경암송학교 고 여운학 장로님의 가르침 덕분이다. 이후 우리는 '말씀암송 가정예배'를 꾸준히 드리면서 가정에서 누리는 행복을 맛보았다.

우리가 드리는 가정예배가 다른 가정에 심겨지는 걸 볼 때 참 감사하다. 하나님께서는 부부만 행복을 누리라고 부르신 게 아니다. 만약 행복 자체가 목적이라면 예수님은 지상명령을 주시지 않았을 것이다.

믿음의 가정은 순종을 통해 만들어지는 하나님의 이야기를 담는 그릇이 되어야 하고, 그것을 이웃에게 나누는 사명을 잊지 말아야 한다. 부부가 연합하여 몸 된 교회를 섬기며 그리스도와 교회의 아름다운 연합을 증거할 때, 행복을 넘어 사명을 온전히 감당하게 될 것이다.

영적인 연합을 위한 부부 작전 타임

하나님 〉 부부 〉 자녀

1. 결혼 초와 비교했을 때, 우리 가정의 우선순위가 어떻게 변했나요? 하나님 〉 부부 〉 자녀 순서를 바르게 지키고 있나요?

2. 일상에서 가장 많은 시간과 에너지를 쏟는 세 가지는 무엇인가요? 그것이 진정한 우선순위를 반영하나요?

3. 언제 부부 관계가 자녀나 일에 밀려난다고 느끼나요? 구체적인 상황을 나눠보세요.

4. 하나님을 가정의 중심에 두기 위해 실천할 구체적인 방법을 제안해 보세요. (ex. 가정예배 등)

5. 성막의 구조처럼(지성소-성소-뜰) 가정의 질서를 바로 세우기 위해 가장 시급하게 조정해야 할 부분은 무엇인가요?

온전한 연합으로 가는 길

1. 배우자에게서 완전한 만족을 찾으려 했던 순간이 있나요? 결과가 어땠나요?

2. 서로에게만 집중하기보다 함께 하나님을 바라볼 때 관계가 더 견고해졌던 경험이 있나요?

3. 부부가 함께 하나님을 향해 나아갈 때 어떤 변화가 일어났는지 구체적으로 답해 보세요.

4. 갈등 상황에 배우자에게서 해결책을 찾으려 했을 때와 부부가 함께 하나님께 나아갔을 때의 차이를 경험한 적이 있나요?

5. 서로를 위해 기도하고, 함께 말씀을 나누고, 가정예배를 드리는 시간이 부부 관계에 어떤 영향을 미쳤나요? 혹은 어떤 영향을 미치길 원하나요?

같이의 가치에서 가치의 같이로

1. 부부가 공유하는 가장 중요한 가치는 무엇인가요? 이 가치가 관계에 어떤 영향을 미치나요?

2. 일상에서 디지털 기기가 부부의 소통과 연결에 어떤 영향을 주고 있다고 느끼나요?

3. 말씀 암송과 같은 영적 활동을 함께할 때, 관계에 어떤 변화가 일어났나요? 그 경험을 구체적으로 나눠보세요.

4. "가치를 공유하는 부부는 안정감을 얻는다"라는 말에 동의하나요? 경험한 예가 있다면 나눠보세요.

5. 부부로서 함께 새로운 가치를 발견하고 키워가기 위해 시도하고 싶은 것이 있나요?

최고의 기도 동역자

1. 배우자를 위해 어떤 기도 제목으로 꾸준히 기도하고 있나요?

2. 갈등 상황에서도 배우자를 위해 기도하나요? 그때 기도의 내용이 어떻게 달라지나요?

3. 배우자의 기도로 내 삶에 일어난 가장 큰 변화는 무엇인가요?

4. 함께 기도할 때와 각자 기도할 때 느끼는 차이가 있나요? 어떤 방식이 더 효과적이라고 느끼나요?

5. 기도의 영역을 넓히기 위해 새롭게 도전하고 싶은 부분은 무엇인가요?

행복을 넘어 사명으로

1. 부부의 연합을 단순히 행복한 가정을 이루는 것을 넘어 더 큰 사명을 위한 것으로 생각하나요?

2. 우리 가정을 통해 하나님께서 이루고자 하시는 특별한 계획이 있다고 느끼나요? 구체적으로 무엇인가요?

3. 부부 관계를 통해 그리스도와 교회의 관계를 어떻게 나타낼 수 있을까요?

4. 부부가 다른 가정이나 공동체에 축복의 통로가 된 경험이 있나요?

5. 십 년 후, 부부의 연합을 통해 이루고 싶은 사명은 무엇인가요? 함께 꿈을 나눠보세요.

2장
마음을 같이하여 _정서적 연합

부모를 떠나

부부의 온전한 연합은 '떠남'에서 시작된다. 떠남의 대상은 '부모'로부터다. 이는 물리적 분리뿐 아니라 심리적, 정서적, 경제적 독립까지 의미한다. 많은 크리스천 부부가 온전한 연합을 위해 부모에게서 독립해야 한다는 건 알지만, 한국문화 특성상 쉽지 않은 일이다. 특히 정서적으로 자유롭지 못하다.

내가 만난 대부분의 남편은 부모님에 대한 애착이 남달랐고 지극한 효자였다. 이게 뭐가 나쁘냐고? 문제는 우선순위에서 아내가 부모님 뒤로 항상 밀린다는 거였다.

우리 부부는 결혼 전에 부부의 연합을 위해 합의점을 찾았다. 아내와 연애를 시작할 무렵, 내가 조심스럽게 물었다.

"어머니를 모시고 사는 것을 어떻게 생각해요?"

만약 결혼한다면 홀로되신 어머니를 언젠가는 모실 수 있다는 가정하에 물었다. 아내는 고민하더니 마음을 나눠주었다.

"연로하시면 당연히 모실 수 있겠지만, 결혼하면서 함께 사는 건 반대예요. 두 사람이 알아가고 합을 맞추는 것도 쉬운 일이 아닌데 어머니까지 함께 살면 더 어려울 것 같아요."

아내의 솔직한 답변이 고마웠다. 나는 결혼 후에도 기회가 있을 때마다 어머니에게 말했다.

"어머니, 나중에 혹시 우리랑 살게 되면 절대 은실이 간섭하시면 안 돼요. 살림은 물론이고, 애들 교육이나 모든 것에요. 그래야 같이 살 수 있어요."

옆에서 듣던 아내는 민망해했다. 아내는 단 한 번도 내게 그런 말을 하라고 한 적이 없었다. 그런데도 나는 어머니에게 자주 말했다. 아내의 영역을 지켜주기 위한 일종의 예방접종이자, 이젠 아들이 어머니의 소유가 아닌 며느리와 하나라는 사실을 인식시키는 과정이었다. 다행히 어머니는 서운해하지 않고 며느리를 극진히 사랑해 주었다.

때로 부부의 연합을 위한다는 명목으로 부모와 관계를 끊으려는 극단적인 커플도 본다. 이는 크리스천 부부가 추구할 모습은 아니다. 부모에게서 독립하는 건 관계의 단절이 아닌 새로운 삶을 위한 분리를 말한다.

부모를 공경하는 것 또한 부부 연합의 한 부분이다. 부모에 대한 도리는 온전한 연합을 이룬 부부의 의무다(엡 6:2). 부모로부터 독립하여 정신적, 경제적, 영적으로 아내와 하나 되는 것의 '당연함'을 성경은 말씀한다.

부모를 떠난다는 건 모든 여건을 스스로 책임진다는 의미일 것이다. 부모를 통해 누렸던 안전과 보호를 이제는 아내와의 연합을 통해 경험하고, 서로를 보호하며 안전한 가정을 만들어가는 것이다.

부부의 연합을 막는 또 다른 장애물은 부모가 자녀를 떠나보내지 못하는 것이다. "남자가 부모를 떠나 그의 아내와 합하여"(창 2:24)라는 말씀은 결혼하는 자녀를 향한 하나님의 명령이다. 이는 태초에 하나님이 세우신 보편적 원칙이며, 아담과 하와의 후손이 부부의 아름다운 연합을 이룰 수 있도록 허락하신 축복이었다.

아담과 하와는 그 최초의 모델이다. 육신의 부모가 없었던 두 사람에게 주신 이 말씀에 대한 그들의 최초의 순종은 떠나보내는 것이었다. 아담과 하와는 자녀 세대가 온전한 연합을 이루고 한 몸 되어 살아가도록 하나님이 주신 이 명령을 제일 먼저 따랐을 뿐 아니라, 자녀에게도 가르쳤을 것이다.

이처럼 부모는 자녀가 온전한 독립을 이루도록 도와야 한다. 남자는 부모를 떠나 하나님이 예비하신 아내와 독립을 이루고,

부모는 이를 존중하고 지원하는 역할을 해야 한다.

자녀가 부모를 떠나 새 가정을 이루는 것은 하나님이 정하신 질서이며 온전한 연합으로 나아가는 길이다. 부부는 부모가 되면 자녀를 떠나보내야 할 때가 온다. 그때 떠나는 자녀를 존중하고 온전한 독립을 위해 함께 노력할 때, 자녀가 더욱 건강하고 아름다운 믿음의 가정을 세우는 것을 보게 된다.

이러므로 남자가 부모를 떠나 그의 아내와 합하여 둘이 한 몸을 이룰지로다 아담과 그의 아내 두 사람이 벌거벗었으나 부끄러워하지 아니하니라
창 2:24,25

나에게서 너에게로 가는 여정

결혼 적령기 청년은 배우자의 모습을 상상하곤 한다. 구체적이고 타협할 수 없는 기도 제목을 조목조목 적어놓고 간절히 기도한다.

여자는 자신만을 온전히 사랑하고, 내가 원하는 사랑의 언어를 사용하며 인성, 직장, 외모 그리고 제일 중요한 믿음까지 소유한 남자를 만나고 싶어 한다. 남자는 신앙이 좋고 아름다운 외모를 소유했으며 언제나 내 편이 되어주고 지지해 주며 격려와 존경을 표현하는 여자를 만나고 싶어 한다.

사람마다 차이가 있을 수 있지만, 대부분 남자와 여자 모두 자기가 세운 기준에 충족하는 배우자를 만나고 싶어 한다. 순전히 자신이 그 중심에 있다. 하지만 이런 기도 제목을 모두 응답받는다 해도, 그 부부 관계는 깊어지기 어렵다.

만약 결혼 후에도 내가 바라는 기준을 상대에게 요구한다면 그 관계는 균열이 생길 가능성이 크다. 내가 정한 기준을 내려놓지 않고 자기중심적 부부 생활을 하면 아내와 남편 모두 삶에서 얻는 만족감이 클 수 없다. 서로에 대한 이상적 기대는 빠르게 사라지고, 힘든 현실을 맞기 때문이다.

기도 제목이 잘못되었다고 말하는 게 아니다. 상대에게 원하는 만큼 나도 그에 걸맞은 사람으로 성장해 있는지를 돌아볼 필요가 있다는 거다.

나 역시 결혼 초 아내와 함께 믿음의 가정을 이루었지만, 여전히 나 중심적 기준을 버리지 못했다. 내가 만든 틀에 아내를 가두려 했고, 내 기준으로 그녀를 판단하기도 했다. 아내가 지닌 창의성과 개성이 내 눈에는 바꿔야 할 요소였다. 이런 나 중심적 생각이 우리 사이에 갈등과 신경전을 초래했다.

내가 청년 시절에 다니던 교회에는 신앙생활에 열심을 내던 자매가 많았다. 그들과 오랜 시간 함께하면서 내 안에 여성상이 고착된 나머지, 아내를 그런 모습으로 바꾸려 한 거였다. 내게는 낯선 아내의 행동을 그 자매들과 비교하며, 내가 원하는 모습으로 만들기 위해 그녀를 재단하려 했다.

사람은 낯선 환경에 적응하기를 꺼리고 익숙한 상황을 선택하는 경향이 있다. 불편을 감내하고라도 그런 환경을 만들고 싶어 한다. 하지만 아내를 내게 익숙한 사람으로 만들려는 시도는 나의 그릇된 욕망이었다. 이런 나 중심적 생각과 행동은 결혼 생활의 큰 걸림돌이었지만, 내 태도가 문제라는 것조차 쉽게 깨닫지 못했다.

신앙 면에서도 연애할 때와 달리 내 본색이 드러났다. 나의 율법적인 성향이 아내를 옥죄었다. 내 기준에서 아내가 조금이라도 벗어나면 여지없이 교정하려 했다. 이 숨 막히는 과정을 아내가 견뎌주지 않았다면, 우리는 행복한 부부가 되지 못했을 것이다. 아내도 처음에는 많이 힘들어했고 나와 부딪히기도 했지만, 오래 참고 기다려주었다.

다행히 나는 점점 바뀌었다. 아내의 인내를 통해, 섬김과 존중과 신앙의 본을 통해 내 중심에서 아내 중심으로 기준을 옮길 수 있었다. 무엇보다 나보다 아내를 더 소중히 여길 수 있었다. 아내는 나를 바꾸려 하지 않았다. 그저 기다려주었다.

지금은 무엇을 하든 가장 먼저 아내의 마음을 헤아리려고 노력한다. 하나님께서 아내에게 주신 창의성과 개성을 내 기준에 따라 지적하지 않는다. 오히려 새로운 도전 앞에서 주저하는 아내에게 얼마든지 도전하라고 격려한다.

이 과정에서 느낀 건, 내가 상대에게 바라는 기준만 높이지 말고 상대가 원하는 배우자가 되기 위해 나 자신이 준비되어야 한다는 점이다. 하나님과의 관계는 물론 성품, 언어, 정서, 물질 등의 영역에서 상대의 기대를 충족시키기 위해 나 자신을 변화시키고 녹여내는 과정이 필요하다.

부부는 나 중심에서 너(배우자) 중심으로 삶의 목적과 기준이 이동해야 더 깊고 넓은 관계가 형성된다. 나를 위한 당신을 바라기보다 당신을 위한 내가 되도록 노력하면, 서로를 더 깊이 사랑하고 '신뢰와 존중'이라는 사랑의 다른 얼굴을 만날 수 있다. 판단하거나 재단하지 않고 서로를 있는 그대로 받아들이고 용납하며 서로의 모난 부분을 다듬어 간다면 결혼의 아름다운 여정을 선물처럼 누리게 될 것이다.

게리 토마스는 《결혼 수업》에서 "늘 배우자를 나에게 맞추려 하지 말고 자신이 좀 더 배우자처럼 되려고 힘쓰라"라고 말한다. 그렇게 해야 하는 이유는, 부부야말로 예수님의 가르침을 적용하는 첫 번째 대상이기 때문이다.

함께 가꾸는 기억의 정원

아이들이 오래된 물건이 담긴 상자를 뒤적이다가 환호성을 질렀다.

"엄마, 이게 뭐예요? 연애편지예요?"

아이들 손에는 세월의 흔적이 묻은 두툼한 노트가 들려 있었다. 연애 시절, 남편이 내게 보낸 메시지를 날짜별, 시간별로 정리해 둔 노트였다. 예전 휴대전화는 메시지가 쌓이면 오래된 것부터 자동으로 삭제되었기에 사랑이 담긴 남편의 글이 사라지는 게 아쉬워서 한 자 한 자 적어둔 거였다. 나는 노트가 가득 찰 때까지 우리의 사랑을 손끝에 담아 기록했다.

이십 년도 더 된 노트는 내 손 글씨로 정성스럽게 채워져 있었다. 한 장, 한 장 넘길 때마다 그 시절의 설렘이 고스란히 묻어났다. 아이들은 몇 장 읽더니 얼굴을 붉히며 "으악, 손발이 오그라든다!"라고 외치며 서둘러 노트를 원래 자리로 돌려놓았다.

하지만 나는 그 글들을 보며 흐릿한 기억이 또렷한 감정과 빛깔을 입고 생생히 되살아나는 듯했다. 역시 "기록은 기억을 이긴다"라는 말이 맞았다.

남편과 함께했던 DTS 훈련은 소중한 추억이다. 육 개월간 동고동락한 기억은 지금도 마음 한편에 선명한 컬러 사진으로 남아 있다. 하와이의 한여름에 성탄절을 맞아 함께 크리스마스를 보낸 날, 전도 여행을 준비하며 춤과 찬양을 연습한 나날, 황금빛 노을

이 바다를 붉게 물들이던 해변에서 하나님의 은혜를 나눈 날, 한 복을 곱게 차려입고 현지 교회에서 부채춤으로 찬양을 올려드렸던 날 그리고 강의와 훈련 속에서 함께 울고 웃으며 믿음이 깊어졌던 모든 순간이 그와 나의 마음을 더 단단하게 이어주었다.

나는 전도 여행 중에 하루도 빠짐없이 일기를 썼다. 그날 경험한 하나님의 은혜, 사역 가운데 느낀 감격과 고충, 중간중간 발견한 남편의 배려와 사랑까지, 모든 것을 적어 내려갔다. 그 기록은 남편을 향한 연애편지가 되었다. 시간이 흘러 일기를 다시 펼쳐 볼 때마다 그 시절의 추억이 감동과 기쁨으로 스며들고, 다시금 행복과 감사를 느낀다.

결혼하고서도 우리는 수많은 추억을 쌓고 있다. 가족 단톡방에 오래된 사진을 하나 올리면, 자연스럽게 대화가 시작된다.

"얘들아, 이때 기억나?"

"우와! 우리 하니 엄청 젊었네!"

내가 장난스럽게 말하면, 아이들 반응은 제각각이다. 한 아이는 그날의 기억을 떠올리며 조각을 맞추듯 이야기를 풀어놓고, 한 아이는 우리 부부의 전성기 시절에 감탄사를 연발한다. 남편은 한 치의 망설임 없이 말한다.

"우리 이쁜이는 그때도, 지금도 예쁘네."

나는 못 이기는 척 웃지만, 마음이 따뜻해진다. 우리는 사진 한 장에 추억을 되새기며 함께 웃는다.

추억은 부부 관계를 잇는 보이지 않는 다리와 같다. 부부 사이에 익숙함이 자리 잡아갈 때, 추억의 다리를 건너 사랑이 시작되었던 자리로 돌아가면 사랑은 추억 속에서 다시 피어오른다. 부부가 함께한 시간을 되새기는 것은 단순한 감상이 아니라 다시금 서로를 바라보게 하는 하나님의 선물이다. 시간이 흘러도 사라지지 않는 그 시절이 있기에 부부는 더욱 단단해지고, 앞으로 더 많은 추억을 쌓아갈 용기를 얻는다.

'과거를 어떻게 회상하느냐'는 현재의 행복에 큰 영향을 미친다. 서운했던 일을 반복해서 꺼내다 보면 감정의 골이 깊어지고 현재의 갈등이 더욱 심화한다. 반대로 함께했던 행복한 순간을 떠올리고 감사했던 기억을 공유하면 현재의 사랑이 깊어지고 행복감은 배가된다.

함께한 추억은 부부를 연결하는 중요한 고리다. 하나님께서 부부를 한 몸으로 만드셨듯 부부가 추억을 공유하는 건 연합을 더욱 견고하게 만든다. 처음 손잡았던 순간, 함께 여행한 기억, 자녀를 품에 안았을 때의 감격 등 기억을 자주 나누는 것은 하나님이 가정에 부어주신 은혜를 세어보는 일이기도 하다.

다윗은 "내 영혼아 여호와를 송축하며 그의 모든 은택을 잊지 말지어다"(시 103:2)라고 고백한다. 부부도 마찬가지다. 하나님께서 함께 걷게 하신 여정을 기억하며 감사할 때, 불평과 원망 대신 사랑과 기쁨이 넘치고 하나님의 은혜를 잊지 않게 된다.

특히 결혼 생활이 힘들고 지칠 때, 배우자와 행복했던 순간을 함께 이야기하는 건 서로를 다시 사랑하게 하고, 갈등을 치유하는 강력한 힘이 있다. 사랑과 헌신의 순간을 추억함으로써 더 건강한 관계를 만들 수 있다.

부부의 마음을 이어주는 공간

부부의 마음을 이어주는 특별한 공간이 있다. 정서적 연합이 깊어지는 자리, 바로 '식탁'이다. 식탁은 음식을 먹는 장소일 뿐 아니라 부부가 마음을 나누고 정서적으로 연결되며 가정이 하나 되는 소중한 공간이다.

결혼 초반에는 배우자와 함께 식사하는 것이 자연스럽지만, 각자 일상이 바빠지면 따로 식사하는 일이 많아진다. 특히 자녀가 생기면 식탁의 중심이 아이가 되기 쉽다. 하지만 부부가 함께 식탁을 지키는 것, 다시 말해 서로에게 집중하며 식사하는 문화는 정서적 연합을 유지하는 데 결정적 역할을 한다.

'식구'(食口)라는 말은 '함께 밥을 먹는 입'이라는 뜻이다. 한집에 사는 것만으로 가족이 되는 게 아니라, 같은 밥상에서 음식을 나누며 관계 맺는 것이 진정한 가족이라는 의미다.

하지만 요즘은 함께 밥 먹는 문화가 사라지고 있다. 가정에서도 바쁜 일정으로 따로 식사하거나 스마트폰과 TV가 식탁의 중심이 되어버렸다. 함께 밥을 먹으면서 각자 화면을 바라본다면, 함께하는 시간으로 보기 힘들다.

우리 가정의 식사 시간은 하루를 정리하고 서로 마음을 나누는, 가족이 정서적으로 하나 되고 유대감을 형성하는 소중한 시간이다. 그래서 가능하면 남편이 퇴근하고 올 때까지 기다렸다가 함께 식사한다.

식탁은 존재와 존재가 만나는 자리다. 숟가락 부딪히는 소리와 따스한 대화로만 채워지는 그 소박한 공간에서 우리는 깊이 만난다. 미디어나 그 어떤 방해 요소도 이 소중한 연결을 방해하지 못한다(아이들이 어릴 때부터 식탁에서 책은 물론 어떤 전자기기도 사용하지 않는다는 원칙을 세웠고, 지금까지 지켜오고 있다).

부득이하게 식사 중 전화를 받거나 메시지를 확인해야 할 때는 가족에게 양해를 구한다. 함께하는 사람에 대한 예의이기 때문이다. 우리 아이들은 이런 문화에 익숙해서, 외식할 때 각자 스마트폰만 바라보는 다른 가족을 보면 안타까워한다. 명절에 친정이나 시댁에 가면 TV를 보며 식사하는 환경이 펼쳐져 그 차이점을 확연히 느낀다. 서로에게 향할 관심이 온통 화면 속 연예인에게 쏠리고, 음식 맛조차 제대로 느끼지 못하게 된다.

최근 우리 가정도 아이들의 학업과 활동이 많아지면서 온 가족이 한자리에 모이는 것이 어려워졌다. 하지만 그럴수록 더 의식적으로 함께하는 식사 시간을 지키려 노력하고 있다.

부부가 함께 식사한다는 건 배우자를 삶의 우선순위로 둔다는 표현이다. 모든 끼니를 맞출 수는 없어도, 의지적으로 시간을 내어 함께 밥을 먹는 것만으로도 부부 관계가 단단해진다. 중요한 건 함께하는 횟수가 아닌 그 순간의 의미를 기억하는 것이다.

식탁에서 자연스럽게 드러나는 것 중 하나가 부부 사이의 우선순위다. 나는 남편과 함께 식사하는 날이면 반찬을 더 신경 쓴다. 남편이 좋아하는 찌개를 끓이고, 평소보다 반찬을 더 올려놓는다. 그러면 아이들은 볼멘소리를 하면서도 안다. 엄마의 우선순위가 아빠라는 것을.

나도 어릴 때 엄마가 차려주는 밥상이 맘에 들지 않을 때가 많았다. 국도, 반찬도 대부분 아빠를 위한 것이었고, 우리 남매가 좋아하는 메뉴는 늘 뒷전이었다. 그때는 이해되지 않았다.

'엄마는 왜 아빠를 위한 밥상만 차릴까?'

하지만 아내가 되고 보니, 그 마음을 알 것 같다. 가장 사랑하는 사람을 위해 음식을 준비하는 것이 얼마나 자연스러운 일인지, 그것이 가족을 하나 되게 하는 중요한 요소라는 것을.

아빠, 엄마가 서로를 우선시하고 존중하며 배려하는 모습을 자녀가 보는 것은 아주 중요한 교육이다. 자녀는 부부 관계가 가정의 중심임을 배우고, 배우자를 우선하는 것이 가족을 건강하게 만드는 길이라는 것을 식탁에서 자연스럽게 익힌다.

마른 떡 한 조각만 있고도 화목하는 것이 제육이 집에 가득하고도 다투는
것보다 나으니라 잠 17:1

노을이 창가에 물들 무렵 따뜻한 불빛 아래 마주 앉은 부부의
모습처럼, 함께하는 식탁은 일상의 풍경 중 가장 아름다운 그림
이다. 그 소소하지만 특별한 시간이 쌓여 부부가 정서적으로 연
합하고, 가정이 더욱 단단해진다.

행복한 부부 데이트

남편의 생일을 맞아 보양식으로 배를 든든하게 채우고, '뷰 맛
집'으로 불리는 카페에서 데이트를 즐겼다. 평일 낮이라 카페에
중년 여성들이 가득했다. 창밖으로 비치는 햇살 아래 서로를 모
델 삼아 사진도 찍고 닭살 부부답게 밀착 사진도 남겼다.

손을 꼭 잡고 다정한 눈빛을 주고받으며 "자기야", "이쁜아"라
고 부르는 모습이 익숙지 않아선지, 부부답지 않게(?) 너무 다정
해 보여선지, 우리를 이상한 눈빛으로 보는 시선이 느껴져서 더 이
상 애정 행각을 할 수 없었다.

사실 이런 데이트는 불과 몇 년 전부터 누리기 시작했다. 오랜
가뭄 끝에 맞이한 단비처럼 소중하고 감사한 시간이다. 아이들
이 어릴 때는 부부 데이트에 관한 책을 읽어도 나와 상관없는 사

치처럼 느껴졌다. 아이들을 돌봐줄 사람이 없었기에 남편과 단둘이 영화 보고, 차 마시고, 밥 먹는 것은 상상조차 할 수 없는 호사였다.

그때 우리에게 중요했던 건 둘만의 시간보다 아이들과 함께하는 순간이었다. 어차피 개인 시간을 보낼 수 없다면 아이들과 더 많은 추억을 쌓기로 다짐했고, 그 시간을 소중히 여기며 즐기려고 노력했다. 어쩌다 한 번 부모님 찬스, 지인 찬스가 생기면 뒤도 돌아보지 않고 데이트하러 갈 줄 알았는데, 매 순간 남편과 나는 아이들을 걱정하고 있었다. '애들이랑 가면 더 좋을 텐데' 하면서 아이들과 함께하는 데이트를 택했다.

우리 부부는 아이들과 함께하는 시간에도 둘만의 소소한 데이트를 즐겼다. 아이들이 곁에 있어도 서로에게 집중하는 시간을 가졌다. 일상에서 서로를 챙기며 마음의 데이트를 즐긴 셈이다. 이런 작은 유대감이 쌓여 부부의 친밀함을 유지하는 힘이 되었다.

지금도 '홈 카페'에서 남편과 데이트하곤 한다. 소파에는 빨래가 쌓여 있고, 설거지도 밀려 있지만, 모든 집안일을 뒤로한 채 남편과 커피 한 잔을 마시는 시간이 참 편안하다. 환경과 상황이 어떻든 그 어디든 우리만의 카페가 될 수 있다. 가장 중요한 건 '누구와 함께하느냐'니까.

평소에는 일상 대화를 나누지만, 데이트할 때는 서로의 꿈, 고민, 감정, 가치관, 신앙에 대해 깊이 이야기할 수 있다. 그러면 상대를 더 이해하게 되고, '이 사람이 내 편이구나'를 느끼며 안정감을 얻는다. 부부는 손을 잡고, 눈을 맞추고, 감정을 나누면서 사랑을 확인하는 시간이 필요하다. 결혼 생활을 오래 할수록 부부는 서로에게 더 좋은 친구가 되어야 한다. 동시에 사랑하는 연인으로서 감정도 키워나가야 한다. 연애할 때처럼 설레는 마음은 아니겠지만, 서로에게 온전히 집중하는 시간이 꼭 필요하다.

혹시 아이가 어려서, 시간이 부족해서, 경제적 여유가 없어서 배우자와의 시간 확보가 어렵다면, 작은 것부터 시작해 보자. 잠들기 전 십 분 대화, 함께 장보기, 빨래를 개며 이야기 나누기 등도 소중한 데이트가 될 수 있다.

사랑은 서로의 언어를 배우는 것

부부가 서로 사랑해도, 같은 사랑을 다른 언어로 표현하면 상대에게 전달되지 않을 수 있다. 사랑이 엇갈릴 수 있다.

하나님께서는 각 사람을 독특하게 창조하셨는데, 사랑을 느끼고 표현하는 방식도 전부 다르게 지으셨다. 게리 채프먼 박사는 이것을 《5가지 사랑의 언어》에서 '인정하는 말, 함께하는 시간, 선물, 봉사, 스킨십'으로 분류했다. 이 다섯 가지가 사람이 사랑을 표현하고 또 인식하는 주요 방식이라는 것이다. 성경은 "우리에게 주신 은혜대로 받은 은사가 각각 다르니"(롬 12:6)라고 말씀하는데, 사랑의 언어 역시 하나님이 각 사람에게 주신 특별한 은사라고 할 수 있다.

나의 첫 번째 사랑의 언어는 '봉사'다. 남편이 내 다리를 주물러 주거나 집안일을 해줄 때 사랑을 느낀다. 아이들도 주물러 주지만, 남편이 해주는 건 확연히 다르다. 그 차이는 기술이 아니다. 단순히 피로를 풀어주기 위한 손길이 아니라 나를 아끼고 위하는 마음이 손끝을 통해 전해진다.

연애 시절과 결혼 초에는 작은 선물에도 감동했지만, 세월이 흐르면서 남편의 섬김이 더 크게 다가온다. 선물은 값이 측정되지만, 봉사는 시간과 마음이 담긴 사랑의 표현이니까. 따뜻한 정성과 묵묵한 배려가 그 어떤 값비싼 선물보다 더 큰 사랑으로 느껴진다.

내게는 '함께하는 시간'도 중요한 사랑의 언어다. 뭘 하지 않아도 가족과 함께할 때 너무나 행복하다. 예수님이 제자들에게 "내 안에 거하라 나도 너희 안에 거하리라"(요 15:4)라고 하신 것처럼, 함께 있는 것 자체가 큰 사랑의 표현이 된다.

반면에 남편의 사랑의 언어는 '스킨십'이다. 그는 내 몸 어느 한 부분이라도 자신에게 닿아 있어야 편안함을 느낀다. 잠을 잘 때도 내 손을 꼭 잡고 자야 안심이 된단다. 그래서 나는 남편에게 '젖은 낙엽'이라는 별명을 붙여주었다. 유리창에 붙으면 절대 떨어지지 않는 젖은 낙엽처럼 늘 내게 붙어 있어서다. 남편의 손은 늘 내 손을 찾는다. 나와 손을 맞잡은 짧은 순간에 그는 사랑이 충전된다고 한다.

한번은 남편 얼굴에 선크림을 발라준 적이 있다. 나는 별생각이 없었는데, 남편은 눈을 감고 그 순간을 한껏 즐기는 듯했다. 남편에게 스킨십은 단순한 애정 표현이 아니라 사랑을 확인하는 깊은 교감이다.

진정한 사랑의 언어는 서로가 원하는 방식으로 표현될 때 가장 깊이 와닿는다. 자신의 불편함보다 상대의 편안함을 우선시하는 마음이 사랑의 본질일 것이다. 손끝의 온기만으로도 말보다 깊은 울림으로 마음을 전할 수 있다.

남편은 '인정하는 말'을 통해서도 사랑을 크게 느낀다. 나의 작은 응원에도 큰 힘을 얻고, 날카로운 말에는 상처를 쉽게 받는다. "죽고 사는 것이 혀의 힘에 달렸나니"(잠 18:21)라는 말씀처럼 내 언어는 남편에게 생명을 불어넣을 수도, 깊은 상처를 남길 수도 있다. 말은 마음을 담아 보내는 편지와 같다.

남편은 가끔 "오늘 설교 어땠어?", "나는 좋은 아빠는 아닌 것 같아"라는 말로 자신의 부족함을 내게 확인받으려 한다. 나는 그가 원하는 대답을 안다. 그래서 늘 그 대답을 해주려고 한다. 그가 얼마나 귀한 사람인지, 하나님께서 그를 어떻게 사용하시는지 알기 때문이다.

한번은 남편이 설교를 마치고 나서 자책하듯 말했다.

"역시 나는 말발이 달려….'"

나는 그를 위로하고 싶어서 이렇게 말했다.

"자기야, 설교를 말발로 해요? 영발로 하지! 그리고 내가 은혜 받았잖아요. 그럼 된 거예요!"

그러자 남편의 얼굴이 환해졌다. 내가 가장 존경하는 그의 영성을 일깨워준 것이다. 나의 말 한마디가 그의 무거운 마음의 짐을 날려버리는 힘이 되었다.

우리 부부도 처음에는 사랑의 언어가 달라서 어려움이 많았다. 나는 남편이 내가 얼마나 노력하는지 알아주길 바랐지만, 남편은 내가 더 자주 안아주고 손을 잡아주길 바랐다.

'나는 사랑을 이렇게 표현하는데, 왜 그는 다른 걸 원할까?'

하지만 시간이 흐르면서 깨달았다. 사랑이란 내 것을 주는 게 아니라 상대가 받고 싶은 걸 주는 것임을.

이제는 남편에게 사과할 일이 있을 때, 말 대신 따뜻한 포옹을 하거나 스킨십 하는 모양의 이모티콘을 보낸다. 그러면 남편이 쉽게 마음을 연다. 남편이 기운 빠져 있을 때, 그의 수고를 인정하고 격려하면 그는 다시 힘을 얻는다.

우리는 여전히 서로 다른 언어로 사랑을 표현하지만 불편하지 않다. 다른 언어로 같은 사랑을 말할 때, 그 다름이 우리 사랑의 깊이와 너비를 더해준다.

✳ 정서적 연합을 위한 부부 작전 타임

부모를 떠나

1. 결혼 후에도 부모님의 영향력이 부부 관계에 미친다고 느끼나요? 구체적인 예를 나눠보세요.

2. 부모님으로부터 정서적, 경제적으로 독립했다고 생각하나요? 그렇지 못한 부분이 있다면 무엇인가요?

3. 배우자의 부모님과의 관계에서 불편하게 느끼는 부분이 있나요? 어떻게 개선할 수 있을까요?

4. 부모님을 공경하면서도 독립된 부부의 경계를 지키기 위해 어떤 노력을 하고 있나요?

5. 부모님이 연로하시면, 어떤 돌봄을 제공할 계획인가요?

나에게서 너에게로 가는 여정

1. 결혼 초 가졌던 배우자에 대한 기대나 기준이 있나요? 그것이 현실과 달라 실망한 적이 있나요?

2. 배우자가 내게 양보하거나 나를 변화시킨 부분이 있나요? 반대로 나는 배우자를 위해 어떤 부분이 변하면 좋을까요?

3. 나의 기준이나 방식을 배우자에게 강요했다고 느낀 적이 있나요? 그때 어떤 감정이 들었나요?

4. '나 중심에서 너(배우자) 중심으로' 변화하는 과정에서 가장 어려

운 점은 무엇인가요?

5. 배우자의 개성이나 재능 중에서 가장 감사하고 존중하는 부분은 무엇인가요?

1. 연애 시절 중 가장 기억에 남는 추억은 무엇인가요?

2. 결혼 후 가장 행복했던 추억은 무엇인가요?

3. 힘들었지만, 지금은 감사하게 생각하는 일이 있나요?

4. 앞으로 함께 만들고 싶은 추억이나 경험은 무엇인가요?

5. 부부만의 특별한 의식이나 전통이 있나요? 없다면 어떤 것을 만들어보고 싶나요?

1. 가족 식사 시간을 더 의미 있게 만들기 위해 무엇을 바꿀 수 있을까요?

2. 식사하는 동안 어떤 대화가 의미 있다고 느끼나요?

3. 식탁에서 함께하는 시간을 지키기 위해 어떤 노력을 하나요?

4. 식사 준비와 정리 과정에서 서로를 어떻게 더 배려할 수 있을까요?

5. 식탁에서 서로에게 우선순위를 두는 모습을 어떻게 나타내고 있나요? 자녀에게는 어떤 모델이 되고 있나요?

행복한 부부 데이트

1. 어떨 때 배우자에게 사랑받는다고 느끼나요? 어떻게 하면 그런 순간을 자주 만들 수 있을까요?

2. 부부 데이트를 자주 하기 위해 어떤 노력이 필요할까요?

3. 서로에게 설렘이 줄어들었다면 되찾기 위해 어떤 노력을 할 수 있을까요?

4. 자녀와의 시간과 부부만의 시간 사이에 균형을 맞추고 있나요? 아니라면, 개선하기 위해 어떤 노력이 필요할까요?

5. 로맨틱한 제스처나 깜짝 이벤트를 할 때 배우자가 가장 기뻐하는 방식은 무엇인가요?

사랑은 서로의 언어를 배우는 것

1. 나의 사랑의 언어는 무엇인가요? (인정하는 말, 함께하는 시간, 선물, 봉사, 스킨십 중에서)

2. 배우자가 사랑을 표현하는 방식 중 어떤 게 의미 있게 다가오나요?

3. 배우자가 사랑을 표현할 때 충분히 알아차리지 못하는 부분이 있다고 느끼나요?

4. 서로 다른 사랑의 언어로 오해했던 경험이 있나요? 어떻게 해결했나요?

5. 사랑의 언어를 잘 이해하고 사용하기 위해 어떤 노력을 할 수 있을까요?

3장
둘이 아니요 하나이니 _몸의 연합

부부의 성

부부의 몸이 연합하는 가장 아름다운 모습은 성(性)을 통해서
다. 부부의 성은 서로가 하나 됨을 확인할 뿐 아니라 내 만족을
넘어 상대의 만족을 극대화하기 위한 가장 이타적인 시간이며, 상
대의 기쁨과 만족을 위해 헌신하는 최고의 경험이다. 상대를 위해
자신을 온전히 내어주는 아름다운 부부 관계를 맺기 위해서는 서
로의 합의가 필요하다.

신혼 때 우리 부부는 경제적 이유도 있었지만, 서로를 알아갈
시간을 갖기 위해 자녀 계획을 미루려 했다. 하지만 하나님께서
언제 주실지 모르는 자녀의 축복을 인위적으로 막는 것은 하나님
의 뜻이 아닌 것 같아 피임하지 않기로 했다. 그런데 신혼기를 보
낸 후 자녀를 주실 거라는 바람과는 달리 하나님께서는 이미 우

리 가정에 태의 열매를 예비하고 계셨다.

"나 임신한 것 같아요."

전화기 너머 들려온 아내의 목소리, 허니문 베이비였다.

아내는 종일 아이를 돌보느라 저녁이면 녹초가 되었다. 내가 최선을 다해 도와도 아내가 감당하는 몫에 비하면 턱없이 부족했다. 아내가 지쳐 있는 걸 알지만, 그녀와 사랑을 나누고 싶은 마음을 꺾을 수 없었다. 피곤한 아내는 종종 나의 요구를 거절했고, 나는 거절감에 힘든 시간을 보냈다.

우리는 싸우는 일이 거의 없었지만, 나는 이 거절감을 다루는 데 서툴러 아내와 다투기도 했다. 남편을 위한 조금의 배려조차 없다는 생각에 응축된 감정이 폭발했다. 나는 부부의 성에 관한 책에서 성경적 원리를 찾아 적용하려 했지만, 자의적인 적용은 ₩에 도움이 되지 못했다. 성경적 가치보다 내 욕망에 따라 움직였기 때문이다.

> 아내는 자기 몸을 주장하지 못하고 오직 그 남편이 하며 남편도 그와 같이 자기 몸을 주장하지 못하고 오직 그 아내가 하나니 고전 7:4

부부는 각각 자기 몸을 주장할 수 없다. 남편이 아내를 지배하던 사회 구조에서 바울의 이 말은 당시 남편들에게 원성을 살 수 있었고, 반대로 아내들에게는 가정 문화와 전통을 넘어서는 파격적인 말로 들렸을 것이다. 바울의 권면처럼 양측의 동의 없이 한 사람의 요구만으로 이루어지는 부부의 성은 성경의 가르침이 아니다. 반드시 서로 합의하에 이루어져야 한다. 어느 한쪽의 욕망을 채우기 위한 게 아니라 서로의 필요를 채워주고 하나 되는 관계로 나아가야 한다.

부부의 성은 힘이나 질서의 법칙이 적용되는 영역이 아니다. 서로 자기를 내어줄 때 아름다운 부부 관계가 이루어지며, 그를 통해 샘물처럼 솟는 기쁨을 만끽할 수 있다.

우리 부부는 이제 이 문제로 다투는 일이 없다. 물론 아내와 사랑을 나누지 못할 때 아쉬움이 남기도 한다. 그러나 아내는 나를 배려하며 최선을 다하고, 지쳐 있을 때는 정중하게 이해를 구하며 다른 날을 기약한다. 무작정 거절하지 않고, 정신적 피로와 육체적 방전으로 부부의 성에 집중하기 어렵다는 진솔한 마음을 전해준다. 그것만으로도 나의 아쉬움은 충분히 달래진다. 아내의 이런 설명은 변명이 아닌 남편의 이해를 구하는 배려다(반대 상황에서 남편도 이렇게 해야 한다).

단, 하나님께서 주신 목적대로 부부의 성을 누리기 위해서는 경계를 지켜야 한다. 가장 아름다운 성은 하나님께서 허락하신 관계 안에서만 가능하다. 성경은 남편에게 하나님께서 허락하신 아내와 함께하는 기쁨을 온전히 누리며, 그 성적 즐거움을 다른 곳에서 찾지 말라고 경고한다(잠 5:18). 즉, 부부 안에서 누리는 사랑은 하나님이 주신 거룩한 즐거움이지만, 그 경계를 넘으면 상처가 된다. 나는 아이들에게도 이야기한다.

"부부 사이에 누리는 성은 가장 아름답고 풍성한 선물이야. 단, 하나님이 정하신 울타리 안에서 지켜질 때만 빛나고, 울타리를 벗어나면 죄가 되는 거야."

간혹 몸의 연합을 이루지 않는 부부도 있다. 부부가 합의를 통해 그런 거라면 문제 되지 않지만, 그 이유가 포르노나 자위와 같은 왜곡된 성적 유혹의 굴레에서 벗어나지 못하기 때문이라면, 이런 행위는 왜곡된 욕망에 먹이를 주는 것이나 다름없다.

부부 안에서 누려야 할 성의 테두리를 벗어나 매체나 다른 방법으로 성적 만족을 추구하는 건 위험한 일이다. 이는 사단이 풀어놓은 음란의 덫에 걸린 것이며, 새로운 차원의 간음이고, 포도원을 허무는 작은 여우처럼 부부 관계를 허무는 원인이 된다.

예수님은 음욕을 품는 것조차 간음으로 규정하셨다(마 5:27,28). 그 범위를 물리적인 접촉에서 마음의 동기로 확장하셨다. 크리스천 부부는 어떤 모양의 간음도 금하고, 하나님께서 허락하신 부부의 성을 통해 주시는 복을 온전히 지켜내야 할 의무가 있음을 기억해야 한다.

우리 부부에게 성은 하나님께서 허락하신 온전한 '한 몸 됨'을 확인하는 최고의 순간이며, 부부간 깊은 기쁨을 누리는 시간이

다. 또 건강한 관계를 유지하는 동력이고, 사랑을 증폭시키는 에
너지이며, 가장 깊은 대화로 이어지는 통로다. 그래서 몸의 연합
은 두 사람의 인격이 하나 되는 것을 포함한다.

부부의 온도 높이기

몇 해 전, 사택에 살 때였다. 교회 앞을 지나가는 집사님 부부
에게 반갑게 인사를 건넸다. 저녁 운동 가는 길이라고 하기에 나
는 장난스럽게 말했다.

"두 분 손잡고 가셔야죠. 떨어져 가시면 어떡해요~."

그러자 아내 집사님이 망설임 없이 답했다.

"어머! 사모님, 무슨 그런 말씀을 하세요. 저희는 가족이에요.
가족은 손잡는 거 아니에요!"

그 말에 실소가 터졌다. 많은 부부에게 애정 표현을 권하다 보
면, 한술 더 떠서 "우리 부부는 이제 가족이 아니라 전우입니다"라
고 말하는 사람도 있다. 처음에는 설렘과 사랑으로 만남을 시작
했지만, 인생의 기쁨과 슬픔, 고난과 시련을 함께 지나며 든든한
전우가 되었다는 것이다.

물론 그런 깊은 신뢰와 동지애도 필요하다. 삶이라는 전투를
서로 의지하며 헤쳐가는 모습은 분명 아름답다. 하지만 '부부'라
는 관계에는 그 이상의 무언가가 필요하다. 전우애만으로는 부부

의 온기를 지킬 수 없다. 삶에는 함께 싸우는 전우도 필요하지만, 서로를 안아주는 연인도 필요하기 때문이다.

아이들 앞에서 우리 부부는 스킨십을 자유롭게 한다. 남편이 피곤하고 안쓰러워 보이면 아이들이 먼저 말한다.

"엄마, 아빠 좀 안아줘요", "뽀뽀해! 뽀뽀해!"

그러면 나는 남편을 안아주고 가벼운 입맞춤을 한다. 아이들은 닭살이라며 소리치지만, 은근히 우리의 연합을 기뻐하는 게 느껴진다. 남편도 에너지가 충전된 듯 얼굴이 밝아진다.

남편이 설거지할 때, 내가 뒤에서 안아주면 그의 행복지수가 치솟는 게 보인다. 내가 예쁘게 화장한 날이면 남편의 눈은 이미 하트가 되어 있다. 그가 팔을 벌리며 말한다.

"한번 안아보자~."

나도 살포시 안긴다. 그 모습을 본 아이들이 웃으며 말한다.

"아빠, 충전 중이세요?"

작은 스킨십만으로도 남편의 마음 온도가 마구 올라간다. 이처럼 부부의 작은 스킨십 하나가 메마른 일상에 활기를 더하고, 찬 공기를 포근하게 만든다.

부부의 포옹은 마음을 나누는 대화다. 말로 다 못 한 사랑과 위로, 감사를 전하는 따뜻한 언어, 하나님의 사랑 안에서 다시 하나 되는 기적의 언어다. 포옹은 부부의 온도를 높이는 가장 쉽고도 강력한 방법이다. 무심코 거실을 지나다가 남편과 포옹이라도 하면, 아이들은 하나둘씩 우리 사이를 비집고 들어온다. 그러면 남편이 아이들에게 말한다.

"부부는 0촌이야."

재치 있는 둘째가 반격한다.

"저는 엄마 배에서 나왔거든요! 제가 엄마랑 더 가까운 사이예요."

부부가 함께하는 모습은 하나님이 창조하신 가장 아름다운 연합의 형태를 보여준다. 부부는 하나님이 한 몸으로 지으신 관계다. 단순히 함께 사는 동반자를 넘어 하나님과 교회의 관계를 반영하는 거룩한 그림이다. 성경은 부부 사이의 친밀함이 기쁨과 축복임을 분명히 말씀한다.

부모가 서로 사랑하고 아끼는 모습을 보며 자란 자녀는 부부 사이의 사랑이 얼마나 소중한지 자연스럽게 깨닫고, 건강한 사랑의 기준을 배운다. 세상의 왜곡된 가치관 속에서 진짜 사랑이 무엇인지 직접 경험하는 것이 가장 좋은 성교육이다.

따라서 매일 부부의 온도를 높이는 노력은 부부만을 위한 게 아니다. 자녀에게 사랑의 교과서를 보여주는 것이며, 하나님께서 디자인하신 가정의 아름다움을 세상에 증거하는 일이다.

침상을 사수하라

깊은 밤, 부부는 솔직한 모습으로 마주한다. 하루 동안 쌓였던 감정, 말로 다 전하지 못한 사랑이 침대 위에서는 가감 없이 드러난다.

나는 네 아이를 출산하고 수유했지만, 특별한 일이 없는 한 남편과 나 사이에 아이를 두고 자지 않았다. 수유를 마치면 아이를 옆으로 옮기거나 아기 침대에 재웠다. 가정의 중심은 부부이며, 부부가 한 침상을 공유하는 것은 결혼의 질서를 유지하고 하나님의 창조 원리를 따르는 일이라고 생각하기 때문이다.

성경은 부부의 연합을 강조하며, 침상의 중요성을 언급한다.

이러므로 남자가 부모를 떠나 그의 아내와 합하여 둘이 한 몸을 이룰지로다 창 2:24

모든 사람은 결혼을 귀히 여기고 침소를 더럽히지 않게 하라 음행하는 자들과 간음하는 자들을 하나님이 심판하시리라 히 13:4

서로 분방하지 말라 다만 기도할 틈을 얻기 위하여 합의상 얼마 동안은 하되 다시 합하라 이는 너희가 절제 못함으로 말미암아 사탄이 너희를 시험하지 못하게 하려 함이라 고전 7:5

성경은 특별한 상황을 제외하면, 부부가 한 공간에서 함께 자야 함을 강조한다. 그러나 현대 사회에서는 육아, 생활 방식 혹은 사소한 다툼으로 인해 각방을 쓰는 부부가 늘고 있다. 처음에는 일시적인 선택처럼 보이지만, 점점 습관이 되어 부부간의 물리적, 정서적 거리가 멀어질 수 있다.

우리 부부는 무슨 일이 있어도 같은 침대에서 잔다. 다퉈서 감정이 상한 상태면 등을 돌리는 한이 있어도, 절대 침대를 벗어나지 않는다. 침대를 벗어나는 건 관계의 단절을 의미하기 때문이다. 차갑게 식은 공기 속에서, 작은 숨소리마저 들리는 가까운 거리에서 우리는 말없이 감정을 식힌다.

남편은 매일 밤 내 손을 잡고 잠든다. 마치 하루를 마무리하는 의식처럼, 잃은 짝을 찾듯이 남편의 손이 내 손을 찾는다. 손을 맞잡고 있으면 우리가 한편이라는 강한 확신과 함께 어떤 풍파도 헤쳐 나갈 수 있을 것만 같다.

하지만 감정이 상한 날에는 남편의 손이 닿는 것조차 싫어서 손을 숨기기도 한다. 문득 조심스레 다가오는 손길이 느껴지면 '나 아직 화 안 풀렸어요'라는 의미로 피하고 싶지만, 가만히 있으면 남편은 내 손을 힘주어 잡는다. 마치 '미안해요'라고 말하는 것처럼. 그러면 못 이긴 척 손을 내어준다. 하지만 이미 그의 손으로 전해지는 따뜻한 온기가 내 마음을 녹인다.

침대는 화해의 장소이기도 하다. 종일 좁혀지지 않던 부부간

거리가 침대에서는 자연스럽게 가까워진다. 가까이서 서로의 체온을 느끼는 것만으로도 감정이 누그러진다.

우리 부부는 침상에서 많은 대화를 나눈다. 그 시간은 위로받는 시간이기도 하고, 그날의 감정을 정리하는 시간이기도 하다. 서로 다른 하루를 보내고도, 같은 공간에서 잠들며 서로의 하루를 공유할 수 있는 것이 얼마나 감사한지 모른다.

어느 날, 밤늦도록 남편과 대화를 나누고 있는데, 문득 첫째가 부러운 눈빛으로 말했다.

"엄마, 아빠는 밤마다 무슨 할 말이 그렇게 많아요? 빨리 결혼하고 싶잖아요!"

늘 즐거운 대화만 나누는 건 아니지만, 우리의 모습을 보며 아이는 결혼의 의미를 배운다.

아이들이 우리 사이에서 잘 수 있는 날은 오직 생일뿐이다. 아빠, 엄마 사이에서 자는 걸 '특별한 선물'로 여기는 아이들은 이날을 손꼽아 기다렸다가 그날이 되면 부모 사이에서 사랑을 듬뿍 받는 시간을 누린다.

성인이 된 첫째마저도 이날을 기다릴 만큼, 이 생일 선물은 우리 가정의 의미 있는 전통이 되었다. 한번은 막내가 새벽에 화장실을 다녀와 우리 부부 사이에서 잠든 적이 있었다. 아침에 이 모습을 본 오빠들이 소리쳤다.

"이시온, 나와! 이건 성경적이지 않아! 엄마, 아빠 사이를 네가 침범할 수 없어!"

그 말을 듣고 온 가족이 박장대소했다. 아이들이 어릴 때는 가끔 거실에서 다 함께 자는 날도 있었다. 모두가 바닥에 이불을 펴고 누워 우리 부부의 옆자리를 차지하려는 쟁탈전을 벌이기도 했다. 여섯 식구가 도란도란 이야기를 나누다 잠들었던 그 시간이 소중한 추억으로 남아 있다.

침상은 사랑과 연합의 공간이다. 침상을 지키는 것이 부부의 행복과 가정의 안정을 유지하는 첫걸음이다. 이는 단순히 같은 침대에서 자는 차원의 문제가 아니라, 부부 관계를 회복하고 하나님나라 원리에 순종하는 행위다.

부부의 침상에서 벗어나 다른 공간을 찾으면, 부부는 멀어질 수밖에 없다. 그러니 이제 결단하자. 배우자의 감정과 부부 관계를 지키기 위해, 하나님이 세우신 가정의 질서를 회복하기 위해 침상을 사수하기로!

✳ 몸의 연합을 위한 부부 작전 타임

부부의 성

1. 부부 관계에서 성적 친밀감이 나에게 어떤 의미인가요? 육체적 만족을 넘어 어떤 정서적, 영적 연결을 경험하나요?

2. 배우자와 성적 친밀감에 대해 편안하게 대화하나요? 서로의 필요와 욕구를 어떻게 더 잘 나누고 존중할 수 있을까요?

3. 성적으로 친밀한 시간을 갖기 어려울 때, 배우자에게 어떻게 마음을 표현하면 좋을까요?

4. 성적 친밀감을 방해하는 요인으로부터 어떻게 서로를 보호할 수 있을까요? 어떤 경계를 함께 세우면 좋을까요?

5. 시간이 지남에 따라 성적으로 친밀한 관계를 어떻게 더 깊어지게 할 수 있을까요? 서로에게 새로운 기쁨과 만족을 주려면 어떻게 해야 할까요?

부부의 온도 높이기

1. 배우자가 사랑을 표현하는 방식 중 어떤 것이 가장 마음에 와닿나요? 더 자주 해주길 원하는 표현이 있나요?

2. 최근 배우자의 어떤 모습이나 행동이 특별한 감동을 주었나요? 혹시 새롭게 발견한 배우자의 장점이 있나요?

3. 함께 보내는 시간 중 가장 의미 있고 충만하게 느껴지는 시간은

언제인가요? 그 시간을 더 많이 가지려면 어떻게 하면 좋을까요?

4. 자녀에게 어떤 모습을 보여주고 싶나요? 그 모습이 자녀의 미래에 어떤 영향을 미칠 것 같나요?

5. 어떤 상황에서 정서적으로 가장 안정된다고 느끼나요? 배우자가 내 마음을 채워주기 위해 어떻게 도와주길 바라나요?

침상을 사수하라

1. 오늘 가장 행복했던 순간과 힘들었던 순간은 언제였나요? 그때 어떤 감정이 들었나요?

2. 매일 밤 배우자와 같은 침대에서 잠들 때 안정감을 느끼나요? 최근 함께 잠자리에 드는 시간이 부족하다고 느낀 적 있나요?

3. 배우자와 다투고 난 후에도 같은 침대에서 자는 게 화해에 도움이 된다고 생각하나요? 어떤 방식으로 화해하는 것이 가장 편안한가요?

4. 침대에서 나누는 대화가 여느 대화와 무엇이 다르다고 느끼나요? 침대에서만 편안하게 나눌 수 있는 이야기가 있나요?

5. 자녀가 부모의 침대에서 함께 자는 것을 어떻게 생각하나요? 부부만의 공간을 지키는 것과 가족의 친밀함 사이에서 어떻게 균형을 이루어야 할까요?

하나님의 부부 수업

초판 1쇄 발행	2025년 5월 27일
초판 2쇄 발행	2025년 6월 2일

지은이	이형동 · 백은실

펴낸이	여진구		
책임편집	김아진 정아혜		
편집	이영주 박소영 최현수 구주은 안수경 김도연		
책임디자인	정은혜 ｜ 마영애 노지현 조은혜 남은진		
홍보 · 외서	진효지		
마케팅	김상순 강성민	마케팅지원	최영배 정나영
제작	조영석 허병용	경영지원	김혜경 김경희

303비전성경암송학교 유니게 과정
이슬비전도학교 / 303비전성경암송학교 / 303비전꿈나무장학회

펴낸곳	규장

주소 06770 서울시 서초구 매헌로 16길 20(양재2동) 규장선교센터
전화 02)578-0003   팩스 02)578-7332
이메일 kyujang0691@gmail.com   홈페이지 www.kyujang.com
페이스북 facebook.com/kyujangbook   인스타그램 instagram.com/kyujang_com
카카오스토리 story.kakao.com/kyujangbook
등록번호 1922-2461
since 1978.08.14

책값 뒤표지에 있습니다.
ISBN 979-11-6504-623-1 03230

규 ｜ 장 ｜ 수 ｜ 칙

1. 기도로 기획하고 기도로 제작한다.
2. 오직 그리스도의 성품을 사모하는 독자가 원하고 필요로 하는 책만을 출판한다.
3. 한 활자 한 문장에 온 정성을 쏟는다.
4. 성실과 정확을 생명으로 삼고 일한다.
5. 긍정적이며 적극적인 신앙과 신행일치에의 안내자의 사명을 다한다.
6. 충고와 조언을 항상 감사로 경청한다.
7. 지상목표는 문서선교에 있다.

하나님을 사랑하는 자 곧 그의 뜻대로 부르심을 입은 자들에게는 모든 것이 合力하여 善을 이루느니라(롬 8:28)

Member of the
Evangelical Christian
Publishers Association

규장은 문서를 통해 복음전파와 신앙교육에 주력하는 국제적 출판사들의
협의체인 복음주의출판협회(E.C.P.A:Evangelical Christian Publishers
Association)의 출판정신에 동참하는 회원(Associate Member)입니다.